발전한어 发展汉语

DEVELOPING CHINESE

듣기

초급 1

북경어언대학출판사 편

원제 发展汉语(第二版)_初级听力(Ⅰ)
편저 么书君 ｜ 번역 강희명

다락원

들어가는 말

발전 한어 시리즈

『발전 한어』 시리즈는 중국어 교재 베스트셀러로 꾸준한 사랑을 받아 온 북경어언대학출판사의 대표 대외 한어 시리즈인 『发展汉语(第二版)』의 한국어판이다.

중국 정부에서는 『发展汉语(第二版)』를 '普通高等教育〈十一五〉国家级规划教材'의 하나로 선정하여 대내외적으로 널리 홍보한 바 있다. 북경어언대학출판사에서는 양질의 대외 한어 교재를 위해 '发展汉语教材编写委员会' 및 '发展汉语教材编辑委员会'를 특별히 구성하여 다양한 내용과 창의적인 구성으로 단순한 중국어 학습뿐 아니라, 역사와 문화 등 중국의 전반적인 생활을 학습할 수 있는 본 시리즈를 출간하였고, 다락원은 이 『发展汉语(第二版)』를 한국 내 학습자의 수요에 맞춰 기존 중국어 분야별 시리즈와는 차별화하여 기초 학습자부터 시작할 수 있는 난도의 시리즈로 대학 및 학원에서 널리 쓰일 수 있게 출간하게 되었다.

듣기·말하기·읽기·쓰기 네 분야가 수준별로 출간되어 수업 내용에 따라 채택할 수 있으며, 듣기·독해·쓰기의 세 분야로 출제되는 新HSK와도 밀접하게 연계하여 학습할 수 있다. 『발전 한어』 시리즈는 다음과 같이 **듣기 4종**[듣기 초급 1, 듣기 초급 2, 듣기 중급 1, 듣기 중급 2], **말하기 4종**[말하기 초급 1, 말하기 초급 2, 말하기 중급 1, 말하기 중급 2], **읽기·쓰기 3종**[읽기·쓰기 초급 1, 읽기·쓰기 초급 2, 읽기·쓰기 중급]의 총 11권으로 출간된다.

	중국어판	한국어판
듣기	发展汉语(第二版)_初级听力(Ⅰ)	발전 한어 듣기 초급 1 발전 한어 듣기 초급 2
	发展汉语(第二版)_初级听力(Ⅱ)	발전 한어 듣기 중급 1 발전 한어 듣기 중급 2
말하기	发展汉语(第二版)_初级口语(Ⅰ)	발전 한어 말하기 초급 1 발전 한어 말하기 초급 2
	发展汉语(第二版)_初级口语(Ⅱ)	발전 한어 말하기 중급 1 발전 한어 말하기 중급 2
읽기·쓰기	发展汉语(第二版)_初级读写(Ⅰ) 发展汉语(第二版)_初级读写(Ⅱ)	발전 한어 읽기·쓰기 초급 1 발전 한어 읽기·쓰기 초급 2 발전 한어 읽기·쓰기 중급 1

체계적으로 출간되는 분야별 교재 시리즈인 『발전 한어』 시리즈로, 앞으로 많은 중국어 학습자들이 중국어 실력을 한 단계 한 단계 탄탄하게 쌓아가길 바란다.

다락원 중국어 출판부

차례

들어가는 말　3
차례　4
이 책의 구성과 특징　6
일러두기　8

01　Nǐ hǎo?　10
你好?　안녕하세요?

02　Nǐ shì nǎ guó rén?　16
你是哪国人?　당신은 어느 나라 사람입니까?

03　Nǐ jiào shénme míngzi?　22
你叫什么名字?　당신 이름은 무엇입니까?

04　Zhè shì shénme?　30
这是什么?　이것은 무엇입니까?

05　Nǐ yǒu jǐ běn cídiǎn?　40
你有几本词典?　너는 몇 권의 사전이 있니?

06　Píngguǒ duōshao qián yì jīn?　50
苹果多少钱一斤?　사과는 한 근에 얼마인가요?

07　Liúxuéshēng lóu zài nǎr?　60
留学生楼在哪儿?　유학생 건물은 어디에 있나요?

08 Jīntiān xīngqī jǐ? 70
今天星期几? 오늘은 무슨 요일인가요?

09 Nǐ měitiān jǐ diǎn qǐchuáng? 80
你每天几点起床? 당신은 매일 몇 시에 일어나요?

10 Nǐmen xiǎoqū zhēn piàoliang. 90
你们小区真漂亮。 당신네 단지는 정말 예쁘네요.

11 Nǐ zài zhèr mǎi shénme? 100
你在这儿买什么? 당신은 여기에서 무엇을 사나요?

12 Zuò qìchē hǎo, háishi qí zìxíngchē hǎo? 110
坐汽车好, 还是骑自行车好? 자동차를 타는 게 좋을까요, 아니면 자전거를 타는 게 좋을까요?

13 Nǐ qǐchuáng le ma? 120
你起床了吗? 당신 일어났어요?

14 Yí dào shíyī yuè jiù lěng le. 130
一到十一月就冷了。 11월이 되면 바로 추워져요.

15 Wǒ kěyǐ jìnlai ma? 140
我可以进来吗? 제가 들어가도 될까요?

모범답안 / 해석　　149

이 책의 구성과 특징

발전 한어 듣기 초급

『발전 한어 듣기 초급』은 이제 막 중국어 학습을 시작한 기초~초급 학습자를 대상으로 한 초급 듣기 교재로 『발전 한어 듣기 초급 1』, 『발전 한어 듣기 초급 2』의 두 권으로 출간된다.

『발전 한어 듣기 초급 1』은 기초 학습자 수준에 맞춰 한어병음 연습부터 시작하며 300여 개의 단어로 내용이 구성된다. 『발전 한어 듣기 초급 2』는 초급 학습자 수준에 맞춰 한어병음 구분 훈련을 계속해 나가며 350여 개의 단어로 내용이 구성된다. 따라서 『발전 한어 듣기 초급』 학습을 마치고 나면, 新HSK 2급 및 3급의 듣기 영역을 소화할 수 있는 실력을 쌓게 된다.

제1과부터 제15과까지 각 과의 학습은 '발음 연습→듣기 워밍업→듣기 훈련' 순서로 체계적으로 진행된다.

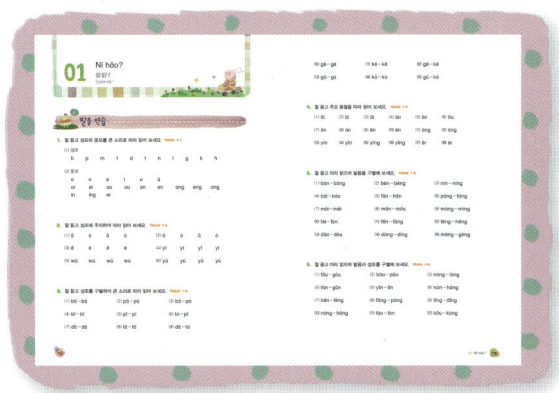

발음 연습

본격적인 듣기 학습을 하기 전에 발음과 관련된 기본 실력을 쌓는다. 듣고 따라 읽기, 듣고 성조·운모·성모 표기하기, 사진 보며 듣기 등 다양한 형식으로 발음을 충분히 연습한다.

듣기 워밍업

듣기 훈련에서 공부하게 될 새 단어, 구, 문장을 듣고 미리 익혀 본다. 단어가 어떻게 조합되어 구와 문장을 이루는지 배우고, 미묘하게 다른 뉘앙스의 차이도 자연스레 익히게 된다.

듣기 훈련

매 과마다 2~3개의 본문 내용을 통해 듣기 훈련을 한다. 알맞은 답 찾기, 듣고 빈칸 채우기, 듣고 따라 하기 등 다양한 구성으로 듣기 실력을 다지고 확인한다. 듣기 내용의 이해를 돕기 위해 다채로운 삽화와 사진을 담았다.

부록 모범답안 / 해석

본문에 나오는 모범답안과 듣기 대본, 우리말 해석을 실었다. 특히, 학습의 편의성을 위해 발음 연습에 나오는 한어병음의 한자와 한글 뜻을 모두 정리하였다. 중급 수준의 어려운 글자도 많지만, 어떤 글자의 한어병음인지 참고하며 학습하게 함으로써 중국어 실력을 탄탄히 쌓게 돕는다.

MP3 CD

본서에 나오는 모든 듣기 내용을 MP3 CD 1장에 담았다. 초급 수준을 감안하여 원어민 성우가 조금 천천히 또박또박 발음하였다.

일러두기

▶ 이 책에 쓰인 고유명사 표기는 다음과 같다.

❶ 지명은 중국어 발음으로 표기하였다.
예) 北京 베이징   上海 상하이

❷ 인명은 중국인은 중국어 발음으로 표기하고 그 외 각 나라 사람들의 인명은 그 나라에서 불리는 발음대로 한글로 표기하였다.
예) 王英 왕잉   李美丽 메리 리   山田佑 야마다 유

▶ 중국어의 품사는 다음과 같은 약어로 표기하였다.

명사	명	동사	동
형용사	형	부사	부
양사	양	개사	개
조사	조	수사	수
접속사	접	감탄사	감
인칭대사	대	의문대사	대
지시대사	대	고유명사	고유

발전한어
发展汉语

듣기
초급 1

01 Nǐ hǎo?
你好?
안녕하세요?

 **발음 연습**

1. 잘 듣고 성모와 운모를 큰 소리로 따라 읽어 보세요 TRACK 1-1

(1) 성모

b　p　m　f　d　t　n　l　g　k　h

(2) 운모

a　o　e　i　u　ü
ai　ei　ao　ou　an　en　ang　eng　ong
in　ing　er

2. 잘 듣고 성조에 주의하여 따라 읽어 보세요. TRACK 1-2

(1) ā　á　ǎ　à　　(2) ō　ó　ǒ　ò

(3) ē　é　ě　è　　(4) yī　yí　yǐ　yì

(5) wū　wú　wǔ　wù　　(6) yū　yú　yǔ　yù

3. 잘 듣고 성조를 구별하여 큰 소리로 따라 읽어 보세요. TRACK 1-3

(1) bā-bà　　(2) pā-pà　　(3) bā-pá

(4) bī-bǐ　　(5) pī-pí　　(6) bì-pǐ

(7) dā-dá　　(8) tā-tǎ　　(9) dǎ-tà

(10) gé – gè   (11) ké – kě   (12) gē – kē

(13) gǔ – gù   (14) kǔ – kù   (15) gū – kū

4. 잘 듣고 주요 음절을 따라 읽어 보세요. **TRACK 1-4**

(1) ǎi   (2) ài   (3) āi   (4) áo   (5) ào   (6) ōu

(7) ān   (8) àn   (9) ēn   (10) èn   (11) áng   (12) àng

(13) yín   (14) yǐn   (15) yīng   (16) yǐng   (17) ěr   (18) èr

5. 잘 듣고 따라 읽으며 발음을 구별해 보세요. **TRACK 1-5**

(1) bàn – bàng   (2) bèn – bèng   (3) nín – níng

(4) bái – báo   (5) fǎn – hǎn   (6) páng – fáng

(7) mǎi – měi   (8) mǎn – mǒu   (9) máng – míng

(10) fèi – fàn   (11) fēn – fāng   (12) fēng – hēng

(13) dào – dòu   (14) dòng – dìng   (15) mèng – gèng

6. 잘 듣고 따라 읽으며 발음과 성조를 구별해 보세요. **TRACK 1-6**

(1) fǒu – gòu   (2) bào – pǎo   (3) náng – làng

(4) tàn – gān   (5) yīn – lín   (6) nán – háng

(7) běn – fēng   (8) fǎng – pàng   (9) tīng – dǐng

(10) nóng – hōng   (11) láo – làn   (12) kǒu – kòng

7. 잘 듣고 단어를 따라 읽어 보세요. TRACK 1-7

(1) fēnkāi (2) ānpái (3) bīnglěng (4) bēifèn

(5) pīnyīn (6) kāi mén (7) kēpǔ (8) gōnghài

(9) étóu (10) èmèng (11) értóng (12) nǚ'ér

(13) pútao (14) yīfu (15) wǒmen (16) nǐmen

8. 잘 듣고 성조를 올바르게 표기해 보세요. TRACK 1-8

(1) a (2) yi (3) e (4) nü

(5) hou (6) di (7) hao (8) nin

9. 잘 듣고 귀로 한 번, 눈으로 한 번 확인해 보세요. TRACK 1-9

(1) mǎ 马 (2) hǔ 虎 (3) é 鹅 (4) yú 鱼

(5) pútao 葡萄 (6) táo 桃 (7) lí 梨

듣기 워밍업

1. 잘 듣고 따라 읽으며 새 단어를 익혀 보세요. **TRACK 1-10**

你 nǐ 때 너, 당신
好 hǎo 형 좋다, 괜찮다, 건강하다
们 men 접 ~들[사람을 표현하는 명사나 대명사 뒤에서 복수를 나타냄]

您 nín 때 당신['你'의 존칭]
你好 / 您好 nǐ hǎo / nín hǎo 안녕/안녕하세요

듣기 훈련

 듣기 훈련 1

1. 본문을 듣고 어떤 내용인지 생각해 보세요. **TRACK 1-11**

필요한 내용을 빈칸에 써 보세요. 모든 내용을 다 쓸 필요는 없습니다.

듣기 훈련 2

1. 본문을 듣고 어떤 내용인지 생각해 보세요. **TRACK 1-12**

들리는 대로 편안하게 써 보세요. 한자가 생각나지 않는다면, 한어병음만이라도 써 보세요.

▶ 마무리 정리

이 과에서 배운 표현을 활용하여 옆 사람과 서로 인사를 해 보세요.

02 Nǐ shì nǎ guó rén?
你是哪国人?
당신은 어느 나라 사람입니까?

발음 연습

1. 잘 듣고 성모와 운모를 큰 소리로 따라 읽어 보세요. TRACK 2-1

(1) 성모

zh	ch	sh	r
z	c	s	

(2) 운모

ua	uo	uai	uei [ui]
uan	uen [un]	uang	ueng

2. 잘 듣고 성조에 주의하여 따라 읽어 보세요. TRACK 2-2

(1) wā   wá   wǎ   wà   (2) wō   wǒ   wò

(3) wāi   wǎi   wài   (4) wēi   wéi   wěi   wèi

(5) wān   wán   wǎn   wàn   (6) wēn   wén   wěn   wèn

(7) wāng   wáng   wǎng   wàng   (8) wēng   wěng   wèng

3. 성조를 구별하여 잘 듣고 마지막 두 음절에는 성조를 표기해 보세요. TRACK 2-3

(1) wá-wǎ   wǒ-wō   wēi-wéi   wǎn-wàn   wo-wan

(2) wěn-wèn   wàng-wǎng   wāng-wáng   wāi-wài   wang-wai

4. 잘 듣고 주요 음절을 따라 읽어 보세요. TRACK 2-4

(1) zhī　　zhǐ　　zhì　　　　(2) chī　　chí　　chǐ

(3) shī　　shí　　shì　　　　(4) rì　　zī　　zì

(5) cí　　cǐ　　cì　　　　(6) sī　　sǐ　　sì

5. 음절을 구별하여 잘 듣고 빈칸에 알맞은 성모를 써 보세요. TRACK 2-5

(1) zhī–chī　　zhǐ–shǐ　　zhī–zī　　cì–chì　　____ī–____ì

(2) zǐ–sǐ　　rì–rè　　chí–shí　　sì–shì　　____í–____ì

6. 잘 듣고 따라 읽으며 발음과 성조를 구별해 보세요. TRACK 2-6

(1) zhuō–zuò　　　(2) zhuī–zhuó　　　(3) chuāi–chún

(4) chuán–luàn　　(5) shuāng–shuǎi　(6) ruì–lùn

(7) rè–le　　　　　(8) shuí–chuī　　　(9) shuàn–shùn

(10) chuān–chuáng　(11) zuì–huī　　　　(12) wán–huǎn

7. 잘 듣고 따라 읽으며 빈칸에 알맞은 성모를 써 보세요. TRACK 2-7

(1) fāshāo　　duìhuà　　éwài　　gānzào　　____ōngzuò

(2) gǔzhǎng　　hǎoshì　　hùzhào　　shàngwǎng　　____uàzhǎn

(3) sùshè　　wènlù　　dǎ chē　　zuòkè　　____ōngwǔ

(4) dàshǐguǎn　　èrshǒuhuò　　hāmìguā　　zǒu guòchǎng　　____ìzhùcān

8. 잘 듣고 녹음에 나온 단어를 찾아 보세요. **TRACK 2-8**

(1) ēn / āng (2) bǎi / pà (3) mín / méng (4) dài / dà

(5) tuǒ / zǒu (6) ruò / rì (7) shuí / zuǐ (8) zhǎng / chán

9. 잘 듣고 성조를 올바르게 표기해 보세요. **TRACK 2-9**

(1) chuan (2) zhi (3) chuang (4) chi

(5) zhua (6) chui (7) shui (8) suo

(9) zuo (10) zui (11) zun (12) wai

(13) wen (14) wang (15) ri (16) weng

10. 잘 듣고 귀로 한 번, 눈으로 한 번 확인해 보세요. **TRACK 2-10**

(1) bōluó 菠萝 (2) cǎoméi 草莓 (3) píngguǒ 苹果

(4) wàzi 袜子 (5) kùzi 裤子 (6) chènshān 衬衫

11. 잘 듣고 따라 읽으며 교실 용어를 익혀 보세요. TRACK 2-11

(1) Shàngkè. 上课。　　(2) Gēn wǒ dú. 跟我读。

(3) Tīng wǒ fāyīn. 听我发音。　　(4) Hěn hǎo. 很好。

(5) Xiàkè. 下课。

1. 잘 듣고 따라 읽으며 새 단어를 익혀 보세요. TRACK 2-12

早上 zǎoshang 명 아침		他 tā 대 그, 그 사람
是 shì 동 ~이다		她 tā 대 그녀, 그 사람
哪 nǎ 대 어느, 어떤, 어디		老师 lǎoshī 명 선생님, 스승
国 guó 명 국가, 나라		英国 Yīngguó 고유 영국[국가명]
人 rén 명 사람, 인		美国 Měiguó 고유 미국[국가명]
我 wǒ 대 나, 저		中国 Zhōngguó 고유 중국[국가명]

2. 잘 듣고 따라 읽으며 구와 문장을 익혀 보세요. TRACK 2-13

(1) Zǎoshang hǎo! 早上好!

(2) Nǎ guó rén? 哪国人?

(3) Tā shì nǎ guó rén? 他是哪国人?

(4) Nǐ shì nǎ guó rén? 你是哪国人?

(5) Nǐmen shì nǎ guó rén? 你们是哪国人?

⑹ Nǐmen lǎoshī shì nǎ guó rén? 你们老师是哪国人？

⑺ Wǒmen shì Měiguó rén. 我们是美国人。

⑻ Wǒmen lǎoshī shì Zhōngguó rén. 我们老师是中国人。

⑼ Tāmen shì Yīngguó rén. 他们是英国人。

⑽ Tāmen lǎoshī shì Zhōngguó rén. 他们老师是中国人。

듣기 훈련

▶ 듣기 훈련 1

1. 본문을 듣고 어떤 내용인지 생각해 보세요. **TRACK 2-14**

필요한 내용은 빈칸에 써 보세요. 모든 내용을 다 쓸 필요는 없습니다.

_____

_____

_____

2. 본문 내용처럼 아래 문장을 활용하여 서로 인사를 나눠 보세요.

(1) 你好！　　(2) 你们好！　　(3) 您好！　　(4) 早上好！

듣기 훈련 2

1. 본문을 듣고 어떤 내용인지 생각해 보세요. **TRACK 2-15**
들리는 대로 편안하게 써 보세요. 한자가 생각나지 않는다면, 한어병음만이라도 써 보세요.

_____

_____

_____

2. 본문 내용을 바탕으로 각 질문에 간단명료하게 답해 보세요.

(1) 你是哪国人？　　(2) 他是哪国人？　　(3) 他们是哪国人？

(4) 老师是哪国人？　　(5) 你们是哪国人？　　(6) 你们老师是哪国人？

마무리 정리

이 과에서 배운 표현을 활용하여 옆 사람과 서로 국적을 묻고 답해 보세요.

03 Nǐ jiào shénme míngzi?
你叫什么名字?
당신 이름은 무엇입니까?

1. 잘 듣고 성모와 운모를 큰 소리로 따라 읽어 보세요. **TRACK 3-1**

(1) 성모

j   q   x

(2) 운모

ia   ie   iao   iou [iu]   ian   iang   iong
üe   üan   ün

2. 잘 듣고 성조에 주의하여 따라 읽어 보세요. **TRACK 3-2**

(1) yā   yá   yǎ   yà   (2) yē   yé   yě   yè
(3) yāo   yáo   yǎo   yào   (4) yōu   yóu   yǒu   yòu
(5) yān   yán   yǎn   yàn   (6) yāng yáng yǎng yàng
(7) yōng yóng yǒng yòng   (8) yuē   yuě   yuè
(9) yuān yuán yuǎn yuàn   (10) yūn   yún   yǔn   yùn

3. 성조를 구별하여 잘 듣고 마지막 두 음절에는 성조를 표기해 보세요. **TRACK 3-3**

(1) jiā-jiǎ   xuǎn-xuàn   xún-xùn   huān-huàn   qie-qie
(2) jué-juē   xiǎng-xiàng qiǎn-qiān hé-hē   xue-xue

4. 잘 듣고 주요 음절을 따라 읽어 보세요. **TRACK 3-4**

(1) jī　　　jí　　　jì　　　　　(2) qī　　　qǐ　　　qì

(3) xī　　　xí　　　xǐ　　　　　(4) jiā　　jiǎ　　jiǎng

(5) xià　　xiǎo　　xiū　　　　(6) qián　　xuǎn　　jiào

5. 음절을 구별하여 잘 듣고 빈칸에 알맞은 성모를 써 보세요. **TRACK 3-5**

(1) yě-yǎ　　yān-yāng　　yóu-yún　　yè-yuè　　____án-____iàn

(2) yā-yāo　　yáo-yóu　　yàn-yuàn　　yǎng-yǒng　　____uán-____ián

6. 잘 듣고 따라 읽으며 발음과 성조를 구별해 보세요. **TRACK 3-6**

(1) jià-xiā　　(2) qiǎ-xià　　(3) jié-xiè　　(4) xié-qiě

(5) jiāo-hào　　(6) qiǎo-xiào　　(7) xiū-jiǔ　　(8) jiǎn-xiàn

(9) qián-jiàn　　(10) qiáng-xiǎng　　(11) juàn-jūn　　(12) quē-jué

7. 잘 듣고 따라 읽으며 빈칸에 알맞은 성모를 써 보세요. **TRACK 3-7**

(1) bīngxiāng　　diànshì　　qiǎngxiān　　fàndiàn　　____ǎnmào

(2) guānxīn　　huānyíng　　huíjiā　　jiànmiàn　　____íngcí

(3) zuótiān　　yuànyì　　yángcōng　　yóujiàn　　____ìhuà

(4) juéde　　kèqi　　qiánbian　　xiàqu　　____iǎoqi

8. 잘 듣고 녹음에 나온 단어를 찾아 보세요. **TRACK 3-8**

(1) qià / xiá　　(2) xiē / xuè　　(3) jiāng / jiān　　(4) xián / xiù

(5) xiǎn / xuǎn　　(6) qiāo / xiāo　　(7) qué / qié　　(8) qiān / qiāng

9. 잘 듣고 따라 읽으며 성조를 올바르게 표기해 보세요. **TRACK 3-9**

(1) jie　　(2) jian　　(3) quan　　(4) qiang

(5) juan　　(6) jiao　　(7) xie　　(8) xiao

(9) qiaoliang　　(10) jiaohua　　(11) zuotian　　(12) jiejue

(13) qiguai　　(14) diu mianzi

10. 잘 듣고 귀로 한 번, 눈으로 한 번 확인해 보세요. **TRACK 3-10**

(1) miànbāo 面包　　(2) niúnǎi 牛奶　　(3) jīdàn 鸡蛋

(4) xié 鞋　　(5) T xùshān T恤衫 　　(6) máoyī 毛衣

11. 잘 듣고 따라 읽으며 교실 용어를 익혀 보세요. **TRACK 3-11**

(1) Dǎkāi shū. 打开书。

(2) Tīng lùyīn. 听录音。

(3) Tīngqīng le ma? 听清了吗?

(4) Yǒu wèntí ma? 有问题吗?

(5) Zài niàn yí biàn. 再念一遍。

12. 잘 듣고 귀로 한 번, 눈으로 한 번 확인해 보세요. **TRACK 3-12**

(1) yī 1　　(2) èr 2　　(3) sān 3　　(4) sì 4

   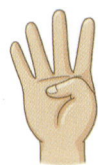

(5) wǔ 5　　(6) liù 6　　(7) qī 7　　(8) bā 8

  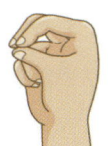 

(9) jiǔ 9　　(10) shí 10

 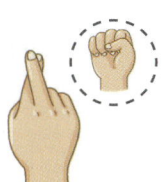

듣기 워밍업

1. 잘 듣고 따라 읽으며 새 단어를 익혀 보세요. TRACK 3-13

姓 xìng 통 성이 ~이다
什么 shénme 대 무엇, 무슨, 어느, 어떤 [사물을 물을 때 사용]
叫 jiào 통 (이름을) ~라고 부르다, (이름이) ~이다
名字 míngzi 명 이름, 성명
呢 ne 조 [의문사의문문 · 선택의문문 · 반복의문문 등의 끝에 쓰이는 조사]
请问 qǐngwèn 통 (실례지만) 말씀 좀 여쭙겠습니다, (실례지만) 말 좀 묻겠습니다

请 qǐng 통 ~하세요, 청하다, 부탁하다
问 wèn 통 묻다, 질문하다
贵姓 guìxìng 명 성, 씨[상대방의 성을 높이는 말]
山田佑 Shāntián Yòu 고유 야마다 유[인명]
日本 Rìběn 고유 일본[국가명]
李美丽 Lǐ Měilì 고유 메리 리[인명]
张 Zhāng 고유 장[성씨 중 하나]

2. 잘 듣고 따라 읽으며 구와 문장을 익혀 보세요. TRACK 3-14

(1) Xìng shénme? 姓什么?

(2) Nǐ xìng shénme? 你姓什么?

(3) Qǐngwèn, nǐ xìng shénme? 请问，你姓什么?

(4) Qǐngwèn, nín guìxìng? 请问，您贵姓?

(5) Wǒ xìng Shāntián. 我姓山田。

(6) Nǐ jiào shénme? 你叫什么?

(7) Nǐ jiào shénme míngzi? 你叫什么名字?

(8) Qǐngwèn, nín jiào shénme míngzi? 请问，您叫什么名字?

(9) Wǒ jiào Shāntián Yòu. 我叫山田佑。

(10) Wǒ xìng Lǐ, jiào Lǐ Měilì. 我姓李，叫李美丽。

듣기 훈련

▶ 듣기 훈련 1

1. 본문을 듣고 어떤 내용인지 생각해 보세요. **TRACK 3-15**

필요한 내용은 빈칸에 써 보세요. 모든 내용을 다 쓸 필요는 없습니다.

_____

_____

_____

_____

2. 본문 내용을 바탕으로 각 질문에 간단명료하게 답해 보세요.

(1) 你姓什么?

(2) 你叫什么名字?

(3) 你是哪国人,叫什么名字?

▶ 듣기 훈련 2

1. 본문 내용을 써 보면서 어떤 내용인지 생각해 보세요. **TRACK 3-16**
들리는 대로 편안하게 써 보세요. 한자가 생각나지 않는다면, 한어병음만이라도 써 보세요.

_____

_____

_____

_____

2. 본문 내용을 바탕으로 각 질문에 간단명료하게 답해 보세요.

(1) 你是哪国人？

(2) 你姓什么？叫什么名字？

(3) 他呢？

▶ 마무리 정리

이 과에서 배운 표현을 활용하여 옆 사람과 서로 이름과 성을 묻고 답해 보세요.

04 Zhè shì shénme?
这是什么?
이것은 무엇입니까?

1. 잘 듣고 따라 읽어 보세요. TRACK 4-1

(1) yīshēng	cāntīng	ānpái	Zhōngguó
(2) shāngpǐn	hē shuǐ	chī fàn	fāngbiàn
(3) juéxīn	niánqīng	xuéxí	tíqián
(4) shípǐn	liángshuǎng	yóujiàn	xíguàn
(5) Běijīng	huǒchē	nǎiyóu	zhěngqí
(6) liǎojiě	yǔsǎn	xiězì	nǔlì
(7) wànyī	lǜdēng	diànchí	qùnián
(8) zìdiǎn	shàngwǎng	Hànzì	diànhuà

2. 잘 듣고 빈칸에 알맞은 성모를 쓰거나, 성조가 없는 곳에 성조를 표기해 보세요. TRACK 4-2

(1) ǎi pàng－àigǎng　　bàodào－bàogào　　jiǎngjià－fàngjià

　　bāo____án－pào____àn

(2) běifāng－běnháng　　kěyǐ－kěqì　　shǒuxù－Hànyǔ

　　dapi－dapin

3. 주요 음절을 잘 듣고 따라 읽어 보세요. TRACK 4-3

(1) bù chī   bù kū   bù tīng   bù lái

(2) bù huán   bù nán   bù xiǎng   bù zǒu

(3) bù hǎo   búcuò   bú huì   búyòng

(4) nǐmen   lìqi   kǒudai   wénzi

(5) rìzi   huíqu   kèqi   juéde

(6) nào dùzi   yǒu yìsi   kàn xiàohua   gòu jiāoqing

4. 잘 듣고 녹음에 나온 단어를 찾아 보세요. TRACK 4-4

(1) xūn / jùn   (2) nǚ / lǚ   (3) shī / jī   (4) qī / xī

(5) cūn / cuī   (6) zuǒ / zuò   (7) zhuì / zhǔn   (8) zhuān / zhuāng

(9) píngrì / píngshí   (10) rúyì / rúyuàn

(11) shēngmìng / shēngmíng   (12) wǎngluò / wǎngluó

(13) wùhuì / wǔhuì   (14) zhídé / zhǐdé   (15) lùfèi / lǚfèi   (16) lìqiú / lìqiū

5. 잘 듣고 따라 읽으며 성조를 올바르게 표기해 보세요. TRACK 4-5

(1) caomei   (2) boluo   (3) putao   (4) T xushan

(5) wazi   (6) kuzi   (7) baiban   (8) baoming

(9) danyi   (10) fumu   (11) gudai   (12) liju

(13) zhen'ai   (14) zaofan   (15) shuzi   (16) remen

(17) nanshou   (18) yifu

6. 잘 듣고 귀로 한 번, 눈으로 한 번 확인해 보세요. TRACK 4-6

(1) xiāngjiāo 香蕉

(2) xīguā 西瓜

(3) mángguǒ 芒果

(4) qúnzi 裙子

(5) duǎnkù 短裤

(6) màozi 帽子

듣기 워밍업

1. 잘 듣고 따라 읽으며 새 단어를 익혀 보세요. TRACK 4-7

这 zhè / zhèi 〔대〕 이, 이것	苹果 píngguǒ 〔명〕 사과
书 shū 〔명〕 책	咖啡 kāfēi 〔명〕 커피
那 nà / nèi 〔대〕 그, 그것, 저, 저것	茶 chá 〔명〕 차
也 yě 〔부〕 ~도, 또한	汽车 qìchē 〔명〕 자동차
吗 ma 〔조〕 [문장 끝에 쓰여 의문의 어기를 나타냄]	词典 cídiǎn 〔명〕 사전
不 bù 〔부〕 ~ 않다[동사·형용사·부사 앞에 쓰여 부정을 표시함]	谁 shéi / shuí 〔대〕 누구, 누가, 아무
	同学 tóngxué 〔명〕 동창, 동급생, 학우
面包 miànbāo 〔명〕 빵	汉语 Hànyǔ 〔고유〕 중국어

2. 잘 듣고 따라 읽으며 구와 문장을 익혀 보세요. **TRACK 4-8**

(1) Zhè shì shénme? 这是什么?

(2) Nà shì shénme? 那是什么?

(3) Zhè shì cídiǎn ma? 这是词典吗?

(4) Zhè shì Hànyǔ shū ma? 这是汉语书吗?

(5) Nà shì Hànyǔ cídiǎn ma? 那是汉语词典吗?

(6) Nà yě shì cídiǎn ma? 那也是词典吗?

(7) Tā shì shéi? 他是谁?

(8) Hànyǔ shū 汉语书

(9) Hànyǔ cídiǎn 汉语词典

(10) Zhè shì shū. 这是书。

(11) Nà shì miànbāo. 那是面包。

(12) Zhè yě shì shū. 这也是书。

(13) Nà bú shì miànbāo. 那不是面包。

(14) Zhè shì shū, nà yě shì shū. 这是书，那也是书。

(15) Zhè bú shì chá, zhè shì kāfēi. 这不是茶，这是咖啡。

(16) Zhè shì píngguǒ. 这是苹果。

(17) Nà shì qìchē. 那是汽车。

(18) Tā shì Zhāng lǎoshī. 她是张老师。

3. 잘 듣고 녹음에 나온 문장을 찾아 보세요. TRACK 4-9

   (1) A Nà shì shénme? 那是什么?
       B Zhè shì shénme? 这是什么?

   (2) A Zhè shì cídiǎn. 这是词典。
       B Zhè yě shì cídiǎn. 这也是词典。

   (3) A Nà shì Hànyǔ cídiǎn ma? 那是汉语词典吗?
       B Nà shì Hànyǔ cídiǎn. 那是汉语词典。

   (4) A Nà shì shéi? 那是谁?
       B Tā shì shéi? 他是谁?

   (5) A Nà shì qìchē. 那是汽车。
       B Nà shì miànbāo. 那是面包。

   (6) A Zhè shì chá, bú shì kāfēi. 这是茶，不是咖啡。
       B Zhè bú shì chá, zhè shì kāfēi. 这不是茶，这是咖啡。

▶ 듣기 훈련 1

1. 본문을 듣고 어떤 내용인지 생각해 보세요. **TRACK 4-10**

   필요한 내용은 듣고 써 보세요. 모든 내용을 다 쓸 필요는 없습니다.

   _____
   _____
   _____
   _____

2. 본문을 다시 듣고 질문에 알맞은 답을 찾아 보세요. **TRACK 4-11**

   (1) A    B

   (2) A    B

3. 잘 듣고 큰 소리로 따라 읽어 보세요. **TRACK 4-12**

   (1) 这是什么?

   (2) 这是书。

   (3) 那也是书吗?

   (4) 那不是书，那是面包。

▶ 듣기 훈련 2

1. 본문을 듣고 어떤 내용인지 생각해 보세요. TRACK 4-13

   '들리는 대로 편안하게 써 보세요. 한자가 생각나지 않는다면, 한어병음만이라도 써 보세요.'

   _____
   _____
   _____

2. 본문을 다시 듣고 질문에 알맞은 답을 찾아 보세요. TRACK 4-14

   (1) A    B

   (2) A    B

   (3) A 汉语书   B 英语书

3. 잘 듣고 빈칸을 채운 후 큰 소리로 읽어 보세요. TRACK 4-15

(1) A: 那_____咖啡吗?
    B: 那不是咖啡，那是茶。

(2) A: 这是_____书?
    B: 这是汉语书。

▶ 듣기 훈련 3

1. 본문을 듣고 어떤 내용인지 생각해 보세요. TRACK 4-16
들리는 대로 편안하게 써 보세요. 한자가 생각나지 않는다면, 한어병음만이라도 써 보세요.

2. 본문을 다시 듣고 질문에 알맞은 답을 찾아 보세요. **TRACK 4-17**

(1) A  B

(2) A  B

(3) A  B

(4) A 我的老师　　　　B 我的同学

(5) A 英国人　　　　　B 美国人

3. 본문 내용을 바탕으로 각 질문에 간단명료하게 답해 보세요.

(1) 这是茶吗?

(2) 那是汉语词典吗?

(3) 他是谁?

(4) 他是美国人吗?

(5) 你呢?

▶ 마무리 정리

1. 자신의 상황에 맞게 각 질문에 답해 보세요.

   (1) 你是哪国人?

   (2) 他是哪国人?

   (3) 你的老师是哪国人?

   (4) 你的同学是哪国人?

   (5) 你姓什么?

   (6) 你叫什么名字?

05 Nǐ yǒu jǐ běn cídiǎn?
你有几本词典?
너는 몇 권의 사전이 있니?

1. 잘 듣고 따라 읽어 보세요. **TRACK 5-1**

(1) wénxué　　　　rùwǎng　　　　nèiróng　　　　jǔxíng

(2) guānmén　　　　Hànzì　　　　ǒurán　　　　èliè

(3) ōuyuán　　　　wǔhuán　　　　bēnzǒu　　　　péngyou

(4) shàngwǔ　　　　xiàwǔ　　　　Xiānggǎng　　　　shàngwǎng

(5) hěn duō　　　　hěn fán　　　　hézī　　　　fùxí

(6) zhāngzuǐ　　　　zuìchū　　　　ānquán　　　　ángguì

2. 잘 듣고 따라 읽으며 빈칸에 알맞은 성모를 써 보세요. **TRACK 5-2**

(1) báhé – páshān　　　　nǚ'ér – niúnǎi　　　　jiéshí – jiēshi

　　＿＿ǔlì – ＿＿ùlǐ

(2) bīngxié – pīnxiě　　　　huāfěn – wǒmen　　　　yōudiǎn – xiūxián

　　＿＿uàn qián　　　　＿＿àn qián

3. 잘 듣고 주요 표현을 따라 읽어 보세요. **TRACK 5-3**

(1) yì tiān　　　　yì zhāng　　　　yì fēnzhōng　　　　yì rén

(2) yì tiáo　　　　yì mén kè　　　　yì běn　　　　yì bǎ

(3) yì xiǎoshí　　 yí wèi　　　　　yí jiàn　　　yíhuìr

(4) érzi　　　　　 ěrduo　　　　　zhèr　　　　nàr

(5) nǎr　　　　　 wánr

4. 잘 듣고 녹음에 나온 단어를 찾아 보세요. TRACK 5-4

(1) gāodù / gùyì　　　　(2) héhǎo / hǎokàn　　　　(3) mǎidān / mìnglìng

(4) fànwǎn / fāshēng　　(5) nàlǐ / nǎlǐ　　　　　　(6) nánguài / nánguò

(7) déyì / déyǐ　　　　　(8) bǎmài / báibái

5. 잘 듣고 큰 소리로 따라 읽으며 빈칸에 알맞은 성모를 써 보세요. TRACK 5-5

(1) ____āfāng　　(2) ____iányi　　(3) ____àrén　　(4) ____èbié

(5) ____ǔdài　　 (6) ____ǔnàn　　 (7) ____ēngfù　 (8) ____úshuō

(9) ____iúnǎi　　(10) ____iúliàn　 (11) ____īdao　　(12) ____ídào

6. 잘 듣고 큰 소리로 따라 읽어 보세요. TRACK 5-6

(1) shíyī　　shí'èr　　shísān　　shísì　　shíwǔ　　shíliù
　　 11　　　 12　　　 13　　　　14　　　 15　　　　16

(2) èrshí　　èrshíyī　　èrshí'èr　　èrshísān　　èrshísì　　èrshíwǔ
　　 20　　　 21　　　　 22　　　　　23　　　　　24　　　　 25

(3) sānshí　　sānshíyī　　sānshí'èr　　sānshísān
　　 30　　　　31　　　　　32　　　　　 33

(4) sìshí　　sìshíyī　　sìshí'èr　　yìbǎi
　　 40　　　 41　　　　 42　　　　 100

7. 잘 듣고 귀로 한 번, 눈으로 한 번 확인해 보세요. TRACK 5-7

양사 个 ge

(1) bōluó 菠萝
(2) lí 梨
(3) cǎoméi 草莓
(4) píngguǒ 苹果

(5) jiǎozi 饺子
(6) chéngzi 橙子
(7) xīguā 西瓜
(8) mángguǒ 芒果

(9) jīdàn 鸡蛋
(10) bāozi 包子
(11) pánzi 盘子
(12) wǎn 碗

양사 本 běn

(1) shū 书
(2) cídiǎn 词典

양사 件 jiàn

(1) T xùshān T恤衫
(2) chènshān 衬衫
(3) máoyī 毛衣
(4) miányī 棉衣

양사 条 tiáo

(1) huángguā 黄瓜

(2) kùzi 裤子

(3) qúnzi 裙子

(4) wéijīn 围巾

(5) lǐngdài 领带

(6) máojīn 毛巾

(7) lù 路

(8) hé 河

듣기 워밍업

1. 잘 듣고 따라 읽으며 새 단어를 익혀 보세요. **TRACK 5-8**

有 yǒu 동 ~이 있다	朋友 péngyou 명 친구
几 jǐ 수 몇[10 이하의 확실치 않은 수를 물을 때 사용]	班 bān 명 반, 클래스
本 běn 양 권[책을 세는 단위]	男 nán 형 남자의, 남성의
两 liǎng 수 2, 둘	女 nǚ 형 여자의, 여성의
都 dōu 부 모두, 다	留学生 liúxuéshēng 명 유학생
多少 duōshao 대 얼마, 몇	和 hé 접 ~와
个 gè / ge 양 개, 명[전용 양사가 없는 명사나 일반적인 사물·사람의 개체를 세는 단위]	德国 Déguó 고유 독일[국가명]
	越南 Yuènán 고유 베트남[국가명]

05 Nǐ yǒu jǐ běn cídiǎn? 43

2. 잘 듣고 따라 읽으며 구와 문장을 익혀 보세요. **TRACK 5-9**

(1) yì běn shū 一本书

(2) yì běn cídiǎn 一本词典

(3) yì běn Hànyǔ cídiǎn 一本汉语词典

(4) yì běn Hànyǔ shū 一本汉语书

(5) Wǒ yǒu yì běn Hànyǔ shū. 我有一本汉语书。

(6) wǒmen bān 我们班

(7) wǒmen bān tóngxué 我们班同学

(8) jǐ ge 几个

(9) jǐ ge tóngxué 几个同学

(10) jǐ ge hǎo péngyou 几个好朋友

(11) Nǐ yǒu jǐ ge hǎo péngyou? 你有几个好朋友?

(12) jǐ ge nán tóngxué 几个男同学

(13) duōshao ge liúxuéshēng 多少个留学生

(14) Nǐmen bān yǒu duōshao ge liúxuéshēng? 你们班有多少个留学生?

(15) jǐ ge lǎoshī 几个老师

(16) dōu shì 都是

(17) Wǒmen dōu shì liúxuéshēng. 我们都是留学生。

(18) Nǐmen lǎoshī dōu shì Zhōngguórén ma? 你们老师都是中国人吗?

3. 잘 듣고 녹음에 나온 문장을 찾아 보세요. TRACK 5-10

(1) A yì běn cídiǎn 一本词典

   B jǐ běn cídiǎn 几本词典

(2) A Zhè shì Hànyǔ shū 这是汉语书。

   B yì běn Hànyǔ shū 一本汉语书

(3) A wǒmen bān nǚ lǎoshī 我们班女老师

   B wǒmen bān nán tóngxué 我们班男同学

(4) A Wǒmen dōu shì liúxuéshēng. 我们都是留学生。

   B Wǒmen shì liúxuéshēng. 我们是留学生。

(5) A Lǎoshī yě shì Zhōngguó rén. 老师也是中国人。

   B Lǎoshī dōu shì Zhōngguó rén. 老师都是中国人。

(6) A Wǒmen bān yǒu shí'èr ge liúxuéshēng. 我们班有12个留学生。

   B Nǐmen bān yǒu duōshao ge liúxuéshēng? 你们班有多少个留学生?

 듣기 훈련

듣기 훈련 1

1. 본문을 듣고 어떤 내용인지 생각해 보세요. **TRACK 5-11**
   필요한 내용은 빈칸에 써 보세요. 모든 내용을 다 쓸 필요는 없습니다.

   _____
   _____
   _____
   _____
   _____
   _____

2. 본문을 다시 듣고 질문에 알맞은 답을 찾아 보세요. **TRACK 5-12**

   (1) A    B

3. 잘 듣고 빈칸을 채운 후 큰 소리로 읽어 보세요. **TRACK 5-13**

   (1) A: 你有_____本词典?
       B: _____本。

   (2) A: 两_____什么词典?
       B: _____是汉语词典。

듣기 훈련 2

1. 본문을 듣고 어떤 내용인지 생각해 보세요. **TRACK 5-14**
들리는 대로 편안하게 써 보세요. 한자가 생각나지 않는다면, 한어병음만이라도 써 보세요.

_____

_____

_____

_____

_____

2. 본문을 다시 듣고 질문에 알맞은 답을 찾아 보세요. **TRACK 5-15**

(1) A 45本   B 15本

(2) A 汉语书   B 英语书

(3) A 都是中国人   B 不都是中国人

05 Nǐ yǒu jǐ běn cídiǎn?

3. 잘 듣고 빈칸을 채운 후 큰 소리로 읽어 보세요. TRACK 5-16

   (1) A: 你有____本书?
       B: 15本。

   (2) A: 都是____书?
       B: 都是汉语书。

듣기 훈련 3

1. 본문을 듣고 어떤 내용인지 생각해 보세요. TRACK 5-17
   필요한 내용은 빈칸에 써 보세요. 모든 내용을 다 쓸 필요는 없습니다.

2. 본문을 다시 듣고 질문에 알맞은 답을 찾아 보세요. TRACK 5-18

　(1) A 23个　　　　　　B 20个

　(2) A 中国人　　　　　B 英国人

　(3) A 日本留学生　　　B 美国留学生

3. 본문 내용을 바탕으로 각 질문에 간단명료하게 답해 보세요.

　(1) 他们班有多少人？

　(2) 他们班有多少男同学，多少女同学？

　(3) 他们老师是哪国人？

　(4) 他们班有留学生吗？

　(5) 他们班留学生是哪国人？

마무리 정리

1. 자신의 상황에 맞게 각 질문에 답해 보세요.

　(1) 我们班有多少个同学？

　(2) 我们班有几个女同学？几个男同学？

　(3) 你有几本词典？都是汉语词典吗？

　(4) 你有几本书？都是汉语书吗？

06 Píngguǒ duōshao qián yì jīn?
苹果多少钱一斤?
사과는 한 근에 얼마인가요?

 발음 연습

1. 잘 듣고 따라 읽어 보세요. TRACK 6-1

(1) zuòkè　　　　fēijī　　　　diànnǎo　　　　bìngjià

(2) huánjìng　　　dànshì　　　bìménggēng　　lǎoyítào

(3) jiǎngxuéjīn　　liánxùjù　　xǐyījī　　　　xiāofèipǐn

(4) bǎifēnbǐ　　　bú guòyǐn　　bāng dàománg

(5) dānshēnhàn　gēngyīshì　　gōngchéngshī

2. 잘 듣고 따라 읽으며 빈칸에 알맞은 운모나 성모를 써 보세요. TRACK 6-2

(1) guānzhào-gānrǎo　　héjiě-héxié　　hàipà-hèkǎ

　　q____lì-q____lì

(2) xiànxiàng-xiànliàng　　gǎnjǐn-gànjìn　　gūdú-kěwù

　　____iānnán-____uānchuán

3. 잘 듣고 주요 단어를 따라 읽어 보세요. **TRACK 6-3**

(1) dìfang　　(2) ěxin　　(3) fènliang　　(4) shāngliang

(5) xiàohua　　(6) xiǎoqi　　(7) fā píqi　　(8) hǎojiāhuo

(9) shuōbudìng　　(10) hédelái　　(11) láibují　　(12) diū miànzi

4. 잘 듣고 녹음에 나온 단어를 찾아 보세요. **TRACK 6-4**

(1) píjù / píqi　　(2) pīfā / pífá　　(3) yīnglǐ / nónglì

(4) zìbái / zìbēi　　(5) zhǔguān / zǔlán　　(6) zhǐnéng / chízhòng

(7) zhīchí / zìcí　　(8) zhǎyǎn / zhāyǎn

5. 잘 듣고 따라 읽으며 빈칸에 알맞은 성모를 써 보세요. **TRACK 6-5**

(1) ____iùwèi　　(2) ____iūlǐ　　(3) ____īxiǎng　　(4) ____ìzhǎng

(5) ____ún qián　　(6) ____ūnyán　　(7) ____ìtǐ　　(8) ____ìyì

(9) ____uìfu　　(10) ____uìwǔ　　(11) ____uántǐ　　(12) ____uānqū

6. 잘 듣고 성조를 올바르게 표기해 보세요. **TRACK 6-6**

(1) meihao　　(2) pengyou　　(3) zhenzheng　　(4) na guo

(5) renmin　　(6) tiancai　　(7) ciyu　　(8) renao

(9) fanying　　(10) manyi　　(11) renzhen　　(12) nuli

7. 잘 듣고 귀로 한 번, 눈으로 한 번 확인해 보세요. **TRACK 6-7**

(1) xīhóngshì 西红柿   (2) lìzhī 荔枝   (3) míhóutáo 猕猴桃

8. 잘 듣고 큰 소리로 따라 읽어 보세요.

런민비 人民币 rénmínbì   **TRACK 6-8**

(1) yìbǎi kuài 100块 = yìbǎi yuán 100元
   wǔshí kuài 50块 = wǔshí yuán 50元

(2) èrshí kuài 20块 = èrshí yuán 20元   shí kuài 10块 = shí yuán 10元

(3) wǔ kuài 5块 = wǔ yuán 5元   liǎng kuài 两块 = liǎng yuán 两元

(4) yí kuài 1块 = yì yuán 1元   wǔ máo 5毛 = líng diǎn wǔ yuán 0.5元

(5) liǎng máo 两毛 = líng diǎn èr yuán 0.2元
   yì máo 1毛 = líng diǎn yī yuán 0.1元

(6) wǔ fēn 5分 = líng diǎn líng wǔ yuán 0.05元
   èr fēn 2分 = líng diǎn líng èr yuán 0.02元

(7) yì fēn 1分 = líng diǎn líng yī yuán 0.01元
   líng diǎn yī wǔ yuán 0.15元   líng diǎn qī yuán 0.7元
   èr diǎn jiǔ yuán 2.9元   shíwǔ yuán 15元
   shíjiǔ diǎn jiǔ yuán 19.9元   bāshíqī yuán 87元
   yìbǎi èrshíyī diǎn sì yuán 121.4元
   sānbǎi líng qī diǎn jiǔ yuán 307.9元
   wǔbǎi liùshí wǔ diǎn èr yuán 565.2元
   yìbǎi diǎn bā yuán 100.8元

얼마예요? 多少钱? Duōshao qián?   TRACK 6-9

(1) Bōluó duōshao qián yì jīn? 菠萝多少钱一斤?

(2) Xīguā duōshao qián yì jīn? 西瓜多少钱一斤?

(3) Lí duōshao qián yì jīn? 梨多少钱一斤?

(4) Cǎoméi duōshao qián yì jīn? 草莓多少钱一斤?

(5) Píngguǒ duōshao qián yì jīn? 苹果多少钱一斤?

(6) Xiāngjiāo duōshao qián yì jīn? 香蕉多少钱一斤?

(7) Mángguǒ duōshao qián yì jīn? 芒果多少钱一斤?

(8) Jīdàn duōshao qián yì jīn? 鸡蛋多少钱一斤?

(9) Bāozi duōshao qián yì jīn? 包子多少钱一斤?

(10) Pánzi duōshao qián yí ge? 盘子多少钱一个?

(11) T xùshān duōshao qián yí jiàn? T恤衫多少钱一件?

(12) Kùzi duōshao qián yì tiáo? 裤子多少钱一条?

(13) Zhè zhǒng bōluó duōshao qián? 这种菠萝多少钱?

(14) Zhè zhǒng xīguā duōshao qián? 这种西瓜多少钱?

(15) Zhè zhǒng lí duōshao qián? 这种梨多少钱?

(16) Zhè zhǒng cǎoméi duōshao qián? 这种草莓多少钱?

(17) Zhè zhǒng píngguǒ duōshao qián? 这种苹果多少钱?

(18) Zhè zhǒng xiāngjiāo duōshao qián? 这种香蕉多少钱?

(19) Zhè zhǒng mángguǒ duōshao qián? 这种芒果多少钱?

(20) Zhè zhǒng jīdàn duōshao qián? 这种鸡蛋多少钱?

(21) Zhè zhǒng bāozi duōshao qián? 这种包子多少钱?

⑵ Zhè zhǒng pánzi duōshao qián? 这种盘子多少钱?

⑶ Zhè zhǒng T xùshān duōshao qián? 这种T恤衫多少钱?

⑷ Zhè zhǒng kùzi duōshao qián? 这种裤子多少钱?

1. 잘 듣고 따라 읽으며 새 단어를 익혀 보세요. **TRACK 6-10**

钱 qián 명 돈	贵 guì 형 (값이) 비싸다
斤 jīn 양 1근, 500g[무게의 단위]	种 zhǒng 양 종류, 가지
块 kuài 양 위안[중국의 화폐 단위]	毛 máo 양 마오, 0.1위안[중국의 화폐 단위]
梨 lí 명 배	的 de 조 [관형어·수식어 뒤에 쓰여 중심어·피수식어와 수식 관계임을 나타냄]
买 mǎi 동 사다	
一共 yígòng 부 전부, 모두, 합쳐서	特别 tèbié 부 특히, 유달리, 아주
找 zhǎo 동 거슬러 주다, 초과한 부분을 돌려주다	好吃 hǎochī 형 맛있다
西瓜 xīguā 명 수박	便宜 piányi 형 (값이) 싸다
真 zhēn 부 정말, 진짜, 참으로	甜 tián 형 달다, 달콤하다
	一定 yídìng 부 반드시, 꼭

2. 잘 듣고 따라 읽으며 구와 문장을 익혀 보세요. **TRACK 6-11**

⑴ duōshao qián 多少钱

⑵ Duōshao qián yì jīn? 多少钱一斤?

⑶ Duōshao qián yí ge? 多少钱一个?

⑷ Zhè ge duōshao qián? 这个多少钱?

⑸ Zhè zhǒng duōshao qián? 这种多少钱?

⑹ Zhè zhǒng duōshao qián yì jīn? 这种多少钱一斤?

⑺ Zhēn guì! 真贵!

⑻ bú guì 不贵

⑼ dōu bú guì 都不贵

⑽ tèbié guì 特别贵

⑾ Zhēn piányi! 真便宜!

⑿ tèbié piányi 特别便宜

⒀ bù piányi 不便宜

⒁ Zhēn hǎochī! 真好吃!

⒂ yídìng hǎochī 一定好吃

⒃ tèbié hǎochī 特别好吃

3. 잘 듣고 녹음에 나온 문장을 찾아 보세요. **TRACK 6-12**

⑴ A Zhè ge duōshao qián? 这个多少钱?
   B Zhè zhǒng duōshao qián? 这种多少钱?

⑵ A Zhè zhǒng duōshao qián yí ge? 这种多少钱一个?
   B Zhè zhǒng duōshao qián yì jīn? 这种多少钱一斤?

⑶ A Píngguǒ、lí dōu bú guì. 苹果、梨都不贵。
   B Píngguǒ、lí dōu tèbié guì. 苹果、梨都特别贵。

⑷ A Zhè zhǒng píngguǒ bú guì. 这种苹果不贵。
   B Zhè zhǒng píngguǒ zhēn guì! 这种苹果真贵!

(5) A Xīguā bù piányi.　西瓜不便宜。

　　B Xīguā zhēn piányi!　西瓜真便宜!

(6) A tèbié hǎochī　特别好吃

　　B yídìng hǎochī　一定好吃

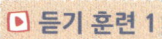

1. 본문을 듣고 어떤 내용인지 생각해 보세요.　TRACK 6-13

필요한 내용은 빈칸에 써 보세요. 모든 내용을 다 쓸 필요는 없습니다.

2. 본문을 다시 듣고 질문에 알맞은 답을 찾아 보세요. TRACK 6-14

	4.50元/斤	3.20元/斤	2.80元/斤	5.20元	7.20元
(1) 🍎					
(2) 🍐					
(3) 四个苹果两个梨一共多少钱?					

3. 잘 듣고 빈칸을 채운 후 큰 소리로 읽어 보세요. TRACK 6-15

(1) 苹果多少钱一_____?

(2) 苹果五块二，梨两块，_____七块二。

(3) 找你_____块八。

듣기 훈련 2

1. 본문을 듣고 어떤 내용인지 생각해 보세요. **TRACK 6-16**
   들리는 대로 편안하게 써 보세요. 한자가 생각나지 않는다면, 한어병음만이라도 써 보세요.

   _____

   _____

   _____

2. 본문을 다시 듣고 질문에 알맞은 답을 찾아 보세요. **TRACK 6-17**

   (1) A 1.80元   B 0.80元

   (2) A 1.80元一斤的西瓜   B 0.80元一斤的西瓜

3. 잘 듣고 큰 소리로 따라 읽어 보세요. **TRACK 6-18**

   (1) 都是一块八吗?

   (2) 那种不甜。

   (3) 这个一定好吃。

▶ 듣기 훈련 3

1. 본문을 듣고 어떤 내용인지 생각해 보세요. **TRACK 6-19**

   필요한 내용은 빈칸에 써 보세요. 모든 내용을 다 쓸 필요는 없습니다.

   _____

   _____

   _____

2. 본문을 다시 듣고 질문에 알맞은 답을 찾아 보세요. **TRACK 6-20**

   (1) A 不贵　　　　B 好吃

   (2) A 梨　　　　　B 西瓜

   (3) A 李美丽　　　B 山田

3. 잘 듣고 빈칸을 채운 후 큰 소리로 읽어 보세요. **TRACK 6-21**

   (1) _____汉语叫什么?

   (2) 一块八? 真_____!

   (3) 西瓜有_____种，一种一块八，一种八毛。

▶ 마무리 정리

1. 이 과에서 배운 내용을 바탕으로 각 질문에 자유롭게 답해 보세요.

   (1) 苹果多少钱一斤?　　　　(2) 梨也是四块五一斤吗?

   (3) 西瓜多少钱一斤?　　　　(3) 西瓜好吃吗?

   (4) 李美丽的词典多少钱? 你的呢?

07 Liúxuéshēng lóu zài nǎr?
留学生楼在哪儿?
유학생 건물은 어디에 있나요?

1. 잘 듣고 따라 읽어 보세요. **TRACK 7-1**

(1) qímiào   liánluò   qiānwàn   kāiyè

(2) qīnrè   jiǎozhà   miàntiáo   dìdiǎn

(3) kēxué   fùjìn   zǒngjié   qūbié

(4) hùliánwǎng   méi shénme   tǐyùguǎn   duìbuqǐ

(5) fúwùyuán   yǒu hǎochu   gāo rén yì děng

(6) zhīshi chǎnquán   shǔ yī shǔ èr   zhǎngshàng diànnǎo

2. 잘 듣고 따라 읽으며 성조가 없는 곳에 성조를 표기해 보세요. **TRACK 7-2**

(1) wǔqǔ－wùqū   yùgǎn－yǔgǎn   xiàn'é－xuǎnzé   xiaojie－xiaoxue

(2) xíngwéi－xínghuì   yíguàn－xíguàn   shīyè－xīquē   danwei－kaihui

3. 잘 듣고 녹음에 나온 단어를 찾아 보세요. **TRACK 7-3**

(1) zhēnshí / zhòngshì   (2) zhìcí / zìsī   (3) jīntiān / qùnián

(4) zǔgé / zhùhè   (5) sīyíng / zìxíng   (6) fēijī / huìqì

(7) yǔyán / yìyǎn   (8) gòujiàn / gòngxiàn

4. 잘 듣고 따라 읽으며 빈칸에 알맞은 성모를 써 보세요. **TRACK 7-4**

(1) ____ínfèn (2) ____īngshen (3) ____ìjǐ (4) ____íyì

(5) ____iéshǒu (6) ____ièkǒu (7) ____iǎnbiàn (8) ____iǎngniàn

(9) ____ǔsè (10) ____ùsè (11) ____ìqī (12) ____ièhén

5. 잘 듣고 따라 읽으며 성조를 올바르게 표기해 보세요. **TRACK 7-5**

(1) zunjing (2) duifu (3) wanhui (4) zhunshi

(5) lixiang (6) yuanyan (7) jingzhong (8) jingzhong

(9) hezuo (10) haoren (11) dianzi (12) shubao

6. 잘 듣고 귀로 한 번, 눈으로 한 번 확인해 보세요. **TRACK 7-6**

양사 支 zhī

(1) bǐ 笔

양사 张 zhāng

(1) zhǐ 纸 (2) bàozhǐ 报纸

(3) dìtú 地图

(4) huàr 画儿

(5) kǎ 卡

(6) guāngpán 光盘

(7) zhuōzi 桌子

(8) chuáng 床

양사 块 kuài

(1) qiǎokèlì 巧克力

(2) ròu 肉

(3) bǐnggān 饼干

(4) dàngāo 蛋糕

양사 双 shuāng

(1) xié 鞋

(2) wàzi 袜子

(3) kuàizi 筷子

듣기 워밍업

1. 잘 듣고 따라 읽으며 새 단어를 익혀 보세요. **TRACK 7-7**

吧 ba 조 [문장 뒤에 쓰여 청유의 어기를 나타냄]	一起 yìqǐ 부 같이, 함께
楼 lóu 명 (2층 이상의) 건물	去 qù 동 가다, 떠나다
在 zài 동 ~에 있다	学生 xuésheng 명 학생
哪儿 nǎr 대 어디, 어느 곳	认识 rènshi 동 알다, 인식하다
……边 ……bian 접 ~쪽, ~측[방위명사 뒤에 옴]	很 hěn 부 매우, 아주, 몹시
前边 qiánbian 명 앞, 앞쪽	高兴 gāoxìng 형 기쁘다, 즐겁다, 좋아하다
后边 hòubian 명 뒤, 뒤쪽	超市 chāoshì 명 슈퍼마켓
西边 xībian 명 서쪽	那儿 nàr 대 그곳, 거기, 저곳, 저기
北边 běibian 명 북쪽	看 kàn 동 보다, 읽다, 구경하다
南边 nánbian 명 남쪽	这儿 zhèr 대 이곳, 여기
东边 dōngbian 명 동쪽	图书馆 túshūguǎn 명 도서관
里边 lǐbian 명 안, 안쪽	银行 yínháng 명 은행
外边 wàibian 명 밖, 바깥쪽	商场 shāngchǎng 명 쇼핑센터
体育馆 tǐyùguǎn 명 체육관	远 yuǎn 형 멀다, 오래다
旁边 pángbiān 명 옆, 곁	地方 dìfang 명 장소, 곳, 부분
就 jiù 부 곧, 즉시, 바로	王英 Wáng Yīng 고유 왕잉[인명]
找 zhǎo 동 찾다, 구하다	中国银行 Zhōngguó Yínháng 고유 중국은행

2. 잘 듣고 따라 읽으며 구와 문장을 익혀 보세요. **TRACK 7-8**

(1) Yínháng zài nǎr? 银行在哪儿?

(2) Chāoshì zài shénme dìfang? 超市在什么地方?

(3) Zhèr shì tǐyùguǎn. 这儿是体育馆。

⑷ Túshūguǎn zài nàr. 图书馆在那儿。

⑸ Shāngchǎng zài yínháng dōngbian. 商场在银行东边。

⑹ Wǒmen yìqǐ qù ba. 我们一起去吧。

⑺ Liúxuéshēng lóu yuǎn ma? 留学生楼远吗?

⑻ Liúxuéshēng lóu bù yuǎn. 留学生楼不远。

⑼ Nǐ kàn, nàr jiù shì. 你看,那儿就是。

⑽ Liúxuéshēng lóu pángbiān yǒu yí ge chāoshì. 留学生楼旁边有一个超市。

⑾ Liúxuéshēng lóu pángbiān shì túshūguǎn, hái yǒu yí ge tǐyùguǎn.
留学生楼旁边是图书馆,还有一个体育馆。

⑿ Rènshi nǐ hěn gāoxìng. 认识你很高兴。

3. 잘 듣고 녹음에 나온 문장을 찾아 보세요. TRACK 7-9

⑴ A Yínháng zài nǎr?
     银行在哪儿?

   B Yínháng zài nàr.
     银行在那儿。

⑵ A Chāoshì zài shénme dìfang?
     超市在什么地方?

   B Chāoshì zài nà ge dìfang.
     超市在那个地方。

⑶ A Túshūguǎn zài zhèr.
     图书馆在这儿。

   B Túshūguǎn zài nàr.
     图书馆在那儿。

(4) A　Shāngchǎng zài yínháng dōngbian.
　　　商场在银行东边。

　　B　Shāngchǎng zài yínháng pángbiān.
　　　商场在银行旁边。

(5) A　Nǐ kàn, nà ge jiù shì.
　　　你看，那个就是。

　　B　Nǐ kàn, nàr jiù shì.
　　　你看，那儿就是。

(6) A　Liúxuéshēng lóu pángbiān yǒu yí ge chāoshì.
　　　留学生楼旁边有一个超市。

　　B　Liúxuéshēng lóu qiánbian yǒu yí ge chāoshì.
　　　留学生楼前边有一个超市。

1. 본문을 듣고 어떤 내용인지 생각해 보세요. **TRACK 7-10**

필요한 내용은 빈칸에 써 보세요. 모든 내용을 다 쓸 필요는 없습니다.

_____

_____

_____

2. 본문을 다시 듣고 질문에 알맞은 답을 찾아 보세요. **TRACK 7-11**

(1) A 体育馆前边　　　B 体育馆旁边

(2) A 山田佑　　　　　B 李美丽

3. 본문 내용을 바탕으로 지도에서 유학생 건물을 찾아 보세요.

■ 현재 위치

4. 잘 듣고 빈칸을 채운 후 큰 소리로 읽어 보세요. **TRACK 7-12**

(1) 体育馆_____就是。

(2) 你_____谁?

(3) 我也找她，我们_____去吧。

📺 **듣기 훈련 2**

1. 본문을 듣고 어떤 내용인지 생각해 보세요. **TRACK 7-13**

들리는 대로 편안하게 써 보세요. 한자가 생각나지 않는다면, 한어병음만이라도 써 보세요.

_____

_____

_____

_____

2. 본문을 다시 듣고 다음 장소를 지도에서 찾아 보세요. **TRACK 7-14**

   (1) 银行   (2) 超市

■ 현재 위치

📄 **듣기 훈련 3**

1. 본문을 듣고 어떤 내용인지 생각해 보세요. **TRACK 7-15**
   필요한 내용은 빈칸에 써 보세요. 모든 내용을 다 쓸 필요는 없습니다.

   _____

   _____

   _____

   _____

2. 본문을 다시 듣고 다음 장소를 지도에서 찾아 보세요. **TRACK 7-16**

   (1) 银行   (2) 商场

■ 현재 위치

3. 본문 내용을 바탕으로 각 질문에 간단명료하게 답해 보세요.

    (1) 银行远吗?

    (2) 他们去哪儿?

▶ 마무리 정리

1. 자신의 상황에 맞게 주어진 질문에 자유롭게 답해 보세요.

    (1) 你宿舍旁边有什么?

    (2) 超市在哪儿?

    (3) 银行在哪儿?

08 Jīntiān xīngqī jǐ?
今天星期几?
오늘은 무슨 요일인가요?

 발음 연습

1. 잘 듣고 따라 읽어 보세요. TRACK 8-1

(1) xǐ'ài　　　　lǐfà　　　　àihào　　　　dàgài

(2) píjiǔ　　　　gǎnxiè　　　mùqián　　　fāpàng

(3) fángwū　　　hǎogǎn　　　pèngqiǎo　　píngjūn

(4) tàijíquán　　shāng nǎojīn　dàshǐguǎn　gǎn shímáo

(5) Zhōngguóhuà　fǎnqīngxiāo　huār　　　wánr

(6) yìdiǎnr　　　yíhuìr　　　yǒudiǎnr　　nǚháir

2. 잘 듣고 따라 읽으며 빈칸에 알맞은 성모를 써 보세요. TRACK 8-2

(1) fǎnhuán－huányuán　　dāncí－dàicí　　xiànxiàng－jīngcháng

　　____ù ____ué　　　　____ù ____iě

(2) zhōngyǔ－zhòngyì　　xǐzǎo－qǐzǎo　　tèyì－tèdì

　　____uō ____ì　　　　____è ____ǐ

70

3. 잘 듣고 녹음에 나온 단어를 찾아 보세요. **TRACK 8-3**

(1) tánxīn / tuánjié (2) yǒuxiàn / yōuxián (3) sǔnhuài / sǔnhuǐ

(4) shōuqí / sōují (5) cíhuì / zìfèi (6) shāndǐng / Shāndōng

(7) rúshí / hùshi (8) shíyàn / xīyān

4. 잘 듣고 따라 읽으며 빈칸에 알맞은 운모와 성조를 써 보세요. **TRACK 8-4**

(1) k____sù (2) k____kǒu (3) huāny____ (4) h____sè

(5) sh____tǐ (6) q____xiàn (7) wánq____ (8) huā q____

(9) g____chéng (10) guój____ (11) n____zào (12) p____bàn

5. 잘 듣고 성조를 올바르게 표기해 보세요. **TRACK 8-5**

(1) jiaxiang (2) tiandi (3) tequ (4) shouru

(5) xiongwei (6) yaoshi (7) xiuxi (8) ziji

(9) shishi (10) gutou (11) xiaoyu (12) zhongdian

6. 잘 듣고 귀로 한 번, 눈으로 한 번 확인해 보세요. **TRACK 8-6**

(1) jiǎozi 饺子 (2) mántou 馒头 (3) mǐfàn 米饭 (4) zòngzi 粽子

듣기 워밍업

1. 잘 듣고 따라 읽으며 새 단어를 익혀 보세요. TRACK 8-7

今天 jīntiān 명 오늘
月 yuè 명 월, 달
号 hào 명 일
星期 xīngqī 명 주, 요일
星期一 xīngqīyī 명 월요일
星期二 xīngqī'èr 명 화요일
星期三 xīngqīsān 명 수요일
星期四 xīngqīsì 명 목요일
星期五 xīngqīwǔ 명 금요일
星期六 xīngqīliù 명 토요일
星期天 xīngqītiān 명 일요일
星期日 xīngqīrì 명 일요일
明天 míngtiān 명 내일
上午 shàngwǔ 명 오전
课 kè 명 수업, 과목, 강의

没 méi 동 없다, 있지 않다
没有 méiyǒu 동 없다, 있지 않다
妈妈 māma 명 엄마, 어머니
来 lái 동 오다
对 duì 형 맞다, 옳다, 정확하다
哦 ò 감 아, 오[납득·이해 등의 어기를 나타냄]
后天 hòutiān 명 모레
下午 xiàwǔ 명 오후
想 xiǎng 동 ~하고 싶다, ~하려고 하다, 생각하다
书店 shūdiàn 명 서점
下课 xiàkè 동 수업이 끝나다, 수업을 마치다
以后 yǐhòu 명 이후
时间 shíjiān 명 시간, 틈
行 xíng 동 좋다, ~해도 괜찮다
对不起 duìbuqǐ 동 미안하다, 죄송하다

2. 잘 듣고 따라 읽으며 구와 문장을 익혀 보세요. TRACK 8-8

(1) Jīntiān jǐ hào? 今天几号?

(2) Jīntiān jǐ yuè jǐ hào? 今天几月几号?

(3) Jīntiān xīngqī jǐ? 今天星期几?

(4) Jīntiān shíwǔ hào. 今天15号。

(5) Jīntiān xīngqīliù. 今天星期六。

(6) Míngtiān èr yuè wǔ hào, xīngqīsān.　明天2月5号，星期三。

(7) Zhè shì lǎoshī de cídiǎn.　这是老师的词典。

(8) Wǒ xiǎng mǎi yì běn cídiǎn.　我想买一本词典。

(9) Nǐ yǒu shíjiān ma?　你有时间吗？

(10) Wǒmen yìqǐ qù xíng ma?　我们一起去行吗？

(11) Duìbuqǐ, míngtiān shàngwǔ wǒ méiyǒu shíjiān.
　　 对不起，明天上午我没有时间。

3. 잘 듣고 녹음에 나온 문장을 찾아 보세요.　**TRACK 8-9**

(1) A　Míngtiān sān yuè bā hào.　明天3月8号。
　　 B　Jīntiān sān yuè bā hào.　今天3月8号。

(2) A　Jīntiān yī hào.　今天1号。
　　 B　Jīntiān jǐ hào?　今天几号？

(3) A　Míngtiān wǔ hào, xīngqīsān.　明天5号，星期三。
　　 B　Míngtiān èr yuè wǔ hào, xīngqīsān.　明天2月5号，星期三。

(4) A　Wǒ xiǎng mǎi yì běn cídiǎn.　我想买一本词典。
　　 B　Wǒ xiǎng mǎi yì běn zìdiǎn.　我想买一本字典。

(5) A　Zhè shì Zhāng lǎoshī de cídiǎn.　这是张老师的词典。
　　 B　Zhè shì Lǐ lǎoshī de cídiǎn.　这是李老师的词典。

(6) A　Duìbuqǐ, hòutiān shàngwǔ wǒ méiyǒu shíjiān.
　　　 对不起，后天上午我没有时间。
　　 B　Duìbuqǐ, míngtiān shàngwǔ wǒ méiyǒu shíjiān.
　　　 对不起，明天上午我没有时间。

듣기 훈련

▶ 듣기 훈련 1

1. 본문을 듣고 어떤 내용인지 생각해 보세요. **TRACK 8-10**
   필요한 내용은 빈칸에 써 보세요. 모든 내용을 다 쓸 필요는 없습니다.

_____

_____

_____

2. 본문을 다시 듣고 질문에 알맞은 답을 찾아 보세요. **TRACK 8-11**

(1) A

星期一	星期二	星期三	星期四	星期五	星期六	星期日
			1	2	3	4
5	6	7	8	9	10	11
12	13	14	15	16	17	18
19	20	21	22	23	24	25
26	27	28	29	30		

B

星期一	星期二	星期三	星期四	星期五	星期六	星期日
						1
2	3	4	5	6	7	8
9	10	11	12	13	14	15
16	17	18	19	20	21	22
23	24	25	26	27	28	29
30						

(2) A

		星期一	星期二	星期三	星期四	星期五
上午	8:00-9:30	口语	综合	综合	口语	写字
	10:00-11:30	综合	音乐	听力	综合	听力
下午	2:00-3:30		口语		电影	

B

		星期一	星期二	星期三	星期四	星期五
上午	8:00-9:30	口语	综合	口语	口语	写字
	10:00-11:30	综合	口语	音乐	综合	听力
下午	2:00-3:30		听力		电影	

3. 본문 내용을 바탕으로 각 질문에 간단명료하게 답해 보세요.

(1) 今天几月几号?

(2) 今天星期几?

(3) 明天上午有听力课吗?

▶ 듣기 훈련 2

1. 본문을 듣고 어떤 내용인지 생각해 보세요. **TRACK 8-12**

들리는 대로 편안하게 써 보세요. 한자가 생각나지 않는다면, 한어병음만이라도 써 보세요.

2. 본문을 다시 듣고 질문에 알맞은 답을 찾아 보세요. **TRACK 8-13**

　　(1) A　28号　　　　B　29号

　　(2) A　星期一　　　B　星期二

　　(3) A　是　　　　　B　不是

3. 본문 내용을 바탕으로 각 질문에 간단명료하게 답해 보세요.

　　(1) 今天几号？星期几？

　　(2) 明天几号？星期几？

　　(3) 后天几号？星期几？

　　(4) 女同学的妈妈哪天来？

　　(5) 是上午来，对吗？

▶ 듣기 훈련 3

1. 본문을 듣고 어떤 내용인지 생각해 보세요. **TRACK 8-14**

　필요한 내용은 빈칸에 써 보세요. 모든 내용을 다 쓸 필요는 없습니다.

_____

2. 본문을 다시 듣고 질문에 알맞은 답을 찾아 보세요. TRACK 8-15

    (1) A 张老师　　　　　B 女同学

    (2) A 书店　　　　　　B 超市

    (3) A 有　　　　　　　B 没有

3. 잘 듣고 빈칸을 채운 후 큰 소리로 읽어 보세요. TRACK 8-16

    (1) 这本词典真_____！

    (2) 这是谁_____汉语词典？

    (3) 我_____想买一本。

    (4) 明天上午下课以后你有时间吗？和我一起去_____？

    (5) _____，明天上午我没有时间。

> 마무리 정리

1. 이 과에서 배운 내용을 바탕으로 주어진 질문에 자유롭게 답해 보세요.

   ⑴ 今天几月几号？星期几？

   ⑵ 明天呢？后天呢？

   ⑶ 这是谁的词典？

   ⑷ 你想买什么？

   ⑸ 下课以后，你想去哪儿？

   ⑹ 我们一起去超市行吗？

   ⑺ 明天你有时间吗？我们一起去书店好吗？

09 Nǐ měitiān jǐ diǎn qǐchuáng?
你每天几点起床?
당신은 매일 몇 시에 일어나요?

 발음 연습

1. 잘 듣고 따라 읽어 보세요. TRACK 9-1

(1) huóhuǒshān　　　héqiántǐng　　　chūzūchē

(2) pāi mǎpì　　　fángdàomén　　　yì zhāng chuáng

(3) zuìxūnxūn　　　zhǔxīngǔ　　　zhùxuéjīn

(4) kāi lǜdēng　　　bìméngēng　　　bāléiwǔ

(5) dānshēn guìzú　　　gāosù gōnglù　　　pò bù dé yǐ

(6) rù xiāng suí sú　　　wǔ huā bā mén　　　bù sān bú sì

(7) měi zhōng bù zú　　　dīngzì lùkǒu

2. 잘 듣고 따라 읽으며 빈칸에 알맞은 성모를 써 보세요. TRACK 9-2

(1) shìyè－xuèyè　　　ránshāo－fánzào　　　jiǎshè－xià chē

　　＿＿ǔ ＿＿òng－＿＿ǎ ＿＿ing

(2) quán tiān－qiántiān　　　shíxí－xīqí　　　zànshí－zhǎngshì

　　＿＿àng ＿＿ǔ－＿＿ià ＿＿ǔ

3. 잘 듣고 녹음에 나온 단어를 찾아 보세요. **TRACK 9-3**

(1) xiāngtóng / xiǎngtou   (2) qǐngshì / qīngshì   (3) zhēngfú / zhèngfǔ

(4) yǐnqǐ / yǒuqù   (5) bùzú / hútu   (6) xiārén / xiàrén

(7) bàn'àn / biànhuàn   (8) kěyǐ / kèqi

4. 잘 듣고 따라 읽으며 빈칸에 알맞은 성모를 써 보세요. **TRACK 9-4**

(1) ____èn ____ù   (2) ____ěng ____ì   (3) ____ēng ____ǔ

(4) ____éng ____ù   (5) ____uī ____uǐ   (6) ____uīwěi

(7) ____ī ____ù   (8) ____í ____ù   (9) ____ìyuàn

(10) ____īyuán   (11) ____ī ____īng   (12) ____í ____íng

5. 잘 듣고 따라 읽으며 성조를 올바르게 표기해 보세요. **TRACK 9-5**

(1) zhiwu   (2) qiutian   (3) chuyuan   (4) shiji

(5) bingyin   (6) erge   (7) shoubiao   (8) tebie

(9) xisu   (10) xianxian   (11) nande   (12) zuilian

6. 잘 듣고 녹음에 나온 시각을 그려 보세요. **TRACK 9-6**

(1) 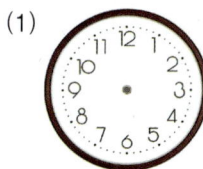 (2) 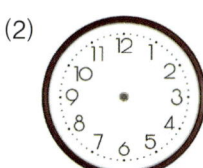 (3) 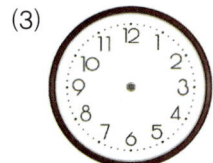 (4)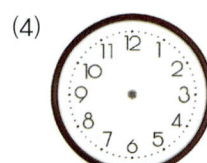

(5) (6) 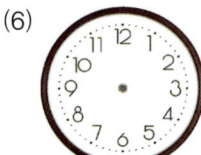 (7)  (8)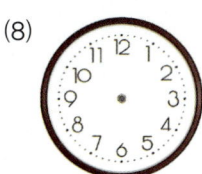

7. 잘 듣고 귀로 한 번, 눈으로 한 번 확인해 보세요. **TRACK 9-7**

(1) chéngzi 橙子 (2) mùguā 木瓜 (3) shíliu 石榴 (4) pútaojiǔ 葡萄酒

듣기 워밍업

1. 잘 듣고 따라 읽으며 새 단어를 익혀 보세요. **TRACK 9-8**

每天 měitiān 분 매일, 날마다	有时候 yǒu shíhou 가끔, 종종, 간혹
每 měi 대 매, 각, ~마다	上课 shàngkè 동 수업하다, 수업을 듣다
天 tiān 명 하루, 날, 일	教室 jiàoshì 명 교실
点 diǎn 양 시	半 bàn 양 1/2, 절반
点钟 diǎnzhōng 양 정시, 정각	现在 xiànzài 명 현재, 지금, 이제
起床 qǐchuáng 동 일어나다, 기상하다	差 chà 동 차이가 나다, 모자라다, 부족하다
分 fēn 양 분	刻 kè 양 15분
分钟 fēnzhōng 양 분	要 yào 조동 ~할 것이다, ~하려고 하다, ~해야 한다
吃 chī 동 먹다	裤子 kùzi 명 바지
饭 fàn 명 밥, 식사	还 hái 분 아직, 여전히, 또, 더욱
早饭 zǎofàn 명 아침밥, 아침식사	经常 jīngcháng 분 언제나, 항상, 자주
早餐 zǎocān 명 아침밥, 아침식사	晚上 wǎnshang 명 저녁, 밤
午饭 wǔfàn 명 점심밥, 점심식사	学习 xuéxí 동 배우다, 공부하다
午餐 wǔcān 명 점심밥, 점심식사	上网 shàngwǎng 동 인터넷에 접속하다
晚饭 wǎnfàn 명 저녁밥, 저녁식사	林小弟 Lín Xiǎodì 고유 린샤오디[인명]
晚餐 wǎncān 명 저녁밥, 저녁식사	韩国 Hánguó 고유 한국[국가명]
为什么 wèi shénme 왜, 어째서, 무엇 때문에	

2. 잘 듣고 따라 읽으며 구와 문장을 익혀 보세요. **TRACK 9-9**

(1) Xiànzài jǐ diǎn?
现在几点?

(2) Nǐmen jǐ diǎn shàngkè?
你们几点上课?

(3) Nǐ měitiān jǐ diǎn qǐchuáng?
你每天几点起床?

(4) Nǐ měitiān jǐ diǎn qù jiàoshì?
你每天几点去教室?

(5) Nǐ jīngcháng qù shūdiàn ma?
你经常去书店吗?

(6) Nǐ jīngcháng qù shūdiàn mǎi shū ma?
你经常去书店买书吗?

(7) Wǒ jīngcháng shàngwǎng.
我经常上网。

(8) Wǒ měitiān wǎnshang dōu shàngwǎng.
我每天晚上都上网。

(9) Xiàwǔ wǒ péngyou yào lái.
下午我朋友要来。

(10) Xiàwǔ wǒ péngyou lái zhǎo wǒ.
下午我朋友来找我。

3. 잘 듣고 녹음에 나온 문장을 찾아 보세요. **TRACK 9-10**

(1) A Xiànzài jǐ diǎn?
    现在几点?

B Xiànzài qī diǎn.
    现在七点。

(2) A　Nǐmen jǐ diǎn xiàkè?
　　　你们几点下课？

　　B　Nǐmen jǐ diǎn shàngkè?
　　　你们几点上课？

(3) A　Nǐ chángcháng qù shūdiàn ma?
　　　你常常去书店吗？

　　B　Nǐ jīngcháng qù shūdiàn ma?
　　　你经常去书店吗？

(4) A　Wǒ měitiān wǎnshang dōu shàngwǎng.
　　　我每天晚上都上网。

　　B　Wǒ měitiān shàngwǔ dōu shàngwǎng.
　　　我每天上午都上网。

(5) A　Xiàwǔ wǒ péngyou yào lái zhǎo wǒ.
　　　下午我朋友要来找我。

　　B　Xiàwǔ wǒ péngyou lái zhǎo wǒ.
　　　下午我朋友来找我。

 듣기 훈련

듣기 훈련 1

1. 본문을 듣고 어떤 내용인지 생각해 보세요. **TRACK 9-11**

   필요한 내용은 빈칸에 써 보세요. 모든 내용을 다 쓸 필요는 없습니다.

   _____

   _____

   _____

   _____

   _____

   _____

2. 본문을 다시 듣고 질문에 알맞은 답을 찾아 보세요. **TRACK 9-12**

   (1) A 　　B

   (2) A 有时间就吃　　B 每天都不吃

   (3) A 　　B

   (4) A 10:15　　B 9:45

3. 잘 듣고 빈칸을 채운 후 큰 소리로 읽어 보세요. **TRACK 9-13**

(1) 我每天七点_____起床。

(2) 我_____每天都吃早饭。

(3) 有时候_____有时间。

(4) _____一刻十点。

📷 듣기 훈련 2

1. 본문을 듣고 어떤 내용인지 생각해 보세요. **TRACK 9-14**
들리는 대로 편안하게 써 보세요. 한자가 생각나지 않는다면, 한어병음만이라도 써 보세요.

_____

_____

_____

_____

2. 본문을 다시 듣고 질문에 알맞은 답을 찾아 보세요. **TRACK 9-15**

(1) A 书店　　　　　　B 超市

⑵ A 有　　　　　　　B 没有

⑶ A 三点半　　　　　B 五点

3. 본문 내용을 바탕으로 각 질문에 간단명료하게 답해 보세요.

⑴ 李美丽下午想去哪儿?

⑵ 李美丽要买什么?

⑶ 王英想和谁一起去书店?

⑷ 李美丽经常去哪个书店?

⑸ 王英下午有课吗?

⑹ 王英几点下课?

⑺ 李美丽三点半可以去买书吗? 为什么?

⑻ 她们想几点一起去?

듣기 훈련 3

1. 본문을 듣고 어떤 내용인지 생각해 보세요. **TRACK 9-16**

   필요한 내용은 빈칸에 써 보세요. 모든 내용을 다 쓸 필요는 없습니다.

   _____
   _____
   _____
   _____

2. 본문을 다시 듣고 질문에 알맞은 답을 찾아 보세요. **TRACK 9-17**

   (1) A 每天都吃　　　　B 有时候不吃

   (2) A 8:00　　　　　　B 9:00

3. 본문 내용을 바탕으로 주어진 표현을 빈칸에 올바르게 넣어 보세요.

吃早饭　上网　看朋友　去超市　起床　上课　学习　去教室			
7:20	7:30	7:45	8:00
(1)	(2)	(3)	(4)

下午		晚上	
(5)		(6)	

88

4. 본문 내용을 바탕으로 각 질문에 간단명료하게 답해 보세요.

   ⑴ 林小弟为什么有时候不吃早饭？

   ⑵ 下午林小弟有时候去哪儿？

   ⑶ 晚上林小弟要做什么？

▶ 마무리 정리

1. 각 문장을 참고로 자신의 상황을 설명해 보세요.

   ⑴ 林小弟每天七点二十起床，七点半吃早饭，差一刻八点去教室，八点上课。

   ⑵ 有时候，林小弟没有时间，就不吃早饭。

   ⑶ 下午，他有时候去看朋友，有时候去超市，晚上要学习，还要上网。

   ⑷ 他经常想，日本、英国、美国、韩国都是九点上课，我们为什么八点上课？

10 Nǐmen xiǎoqū zhēn piàoliang.
你们小区真漂亮。

당신네 단지는 정말 예쁘네요.

1. 잘 듣고 따라 읽어 보세요. TRACK 10-1

(1) ānxīn bīngbáo fāhěn zūshuì

(2) shíguāng wénmíng rénhǎi yúmèi

(3) lǐkuī fǎngchá huǐgǎi měiwèi

(4) dànshēng wàngqíng dàshǐ yùjiù

(5) gǎn cháoliú shāchénbào

2. 잘 듣고 따라 읽으며 빈칸에 알맞은 성모를 써 보세요. TRACK 10-2

(1) shíxí－jījí   Wǔhàn－wǔfàn   huángsè－hóngsè

___ì___ě－___ì___ù

(2) qízi－xízi   chídào－chízǎo   mùmǎ－mìmǎ

___ǐ___ùn－___iè___èn

3. 잘 듣고 녹음에 나온 단어를 찾아 보세요. TRACK 10-3

(1) xìxīn / xīxīn   (2) qīngxiè / qīngxīn

(3) zhěngqí / zhēngyì (4) wǎngzhàn / wǎngcháng

(5) bǐwù / bófù (6) gānyán / gǎnyán

(7) fāfàng / fāfèn (8) chāochū / zhàogù

4. 잘 듣고 따라 읽으며 빈칸에 알맞은 성모를 써 보세요. **TRACK 10-4**

(1) ____ú ____uǐ   (2) ____ī ____ì   (3) ____í ____iú

(4) ____án ____ǔ   (5) ____ái ____ì   (6) ____í ____ì

(7) ____ǐ ____ài   (8) ____ūn ____i   (9) ____íng ____ǐng

(10) ____ōng ____iān   (11) ____ē ____àn   (12) ____ī ____ī

5. 잘 듣고 따라 읽으며 빈칸에 알맞은 운모와 성조를 써 보세요. **TRACK 10-5**

(1) x____ x____   (2) x____ x____   (3) x____ x____

(4) q____ q____   (5) h____ zh____   (6) y____ y____

(7) y____ q____   (8) h____ k____   (9) y____ y____

(10) z____ ch____   (11) z____ z____   (12) zh____ z____

6. 잘 듣고 주요 표현을 따라 읽어 보세요. **TRACK 10-6**

(1) xīn   (2) kuài   (3) zuò   (4) děng

(5) dìtiě   (6) xǐhuan   (7) liáotiānr   (8) cānguān

(9) fā píqi   (10) hènbude   (11) nào yìjiàn   (12) gùshipiānr

7. 잘 듣고 귀로 한 번, 눈으로 한 번 확인해 보세요. TRACK 10-7

(1) bāozi 包子　　(2) miàntiáo 面条　　(3) yùmǐ 玉米　　(4) dòufu 豆腐

듣기 워밍업

1. 잘 듣고 따라 읽으며 새 단어를 익혀 보세요. TRACK 10-8

觉得 juéde 〔동〕 ~라고 생각하다, ~라고 느끼다	喝 hē 〔동〕 마시다
小区 xiǎoqū 〔명〕 거주 지역, 단지	家 jiā 〔명〕 집, 가정
怎么样 zěnmeyàng 〔대〕 어떻게, 어떻게 하다	太 tài 〔부〕 지나치게, 너무, 아주
漂亮 piàoliang 〔형〕 예쁘다, 아름답다	走 zǒu 〔동〕 걷다, 걸어가다, 달리다, 떠나다
多 duō 〔형〕 많다	太……了 tài……le 대단히 ~하다
树 shù 〔명〕 나무	环保 huánbǎo 〔명〕 환경 보호 〔형〕 환경 친화적인
花 huā 〔명〕 꽃	累 lèi 〔형〕 지치다, 피곤하다, 힘들다
少 shǎo 〔형〕 적다	事 shì 〔명〕 일, 업무, 사건, 사고
饭馆(儿) fànguǎn(r) 〔명〕 음식점, 식당	讨论 tǎolùn 〔동〕 토론하다
近 jìn 〔형〕 가깝다	一下 yíxià 〔양〕 [동사 뒤에서 '좀 ~해 보다'라는 뜻을 나타냄]
非常 fēicháng 〔부〕 대단히, 매우, 아주	
茶馆(儿) cháguǎn(r) 〔명〕 옛날 중국의 찻집, 다관	问题 wèntí 〔명〕 문제, 질문

2. 잘 듣고 따라 읽으며 구와 문장을 익혀 보세요. TRACK 10-9

(1) hěn duō 很多

(2) bù shǎo 不少

(3) Shù hěn duō, huā yě bù shǎo. 树很多，花也不少。

(4) Zhè ge xiǎoqū de shù hěn piàoliang. 这个小区的树很漂亮。

(5) Fànguǎn hěn jìn. 饭馆很近。

(6) Qǐng hē chá. 请喝茶。

(7) Wǒmen qù hē chá. 我们去喝茶。

(8) Tài yuǎn le! 太远了!

(9) Nǐ lèi bu lèi? 你累不累?

(10) Nǐ yǒu shì ma? 你有事吗?

(11) Nǐ yǒu shénme shì? 你有什么事?

(12) tǎolùn wèntí 讨论问题

(13) tǎolùn huánbǎo wèntí 讨论环保问题

(14) tǎolùn yíxià huánbǎo wèntí 讨论一下环保问题

3. 잘 듣고 녹음에 나온 문장을 찾아 보세요. TRACK 10-10

(1) A Shù hěn duō, huā yě bù shǎo. 树很多，花也不少。
    B Shù hěn duō, huā yě hěn duō. 树很多，花也很多。

(2) A Zhè ge dìfang de shù hěn piàoliang. 这个地方的树很漂亮。
    B Zhè ge xiǎoqū de shù hěn piàoliang. 这个小区的树很漂亮。

(3) A　Wǒmen qù hē chá.　我们去喝茶。
　　B　Wǒmen qù hē chá ba.　我们去喝茶吧。

(4) A　Wǒmen bú lèi.　我们不累。
　　B　Nǐ lèi bu lèi?　你累不累?

(5) A　Nǐ yǒu shénme shì?　你有什么事?
　　B　Nǐ yǒu méiyǒu shì?　你有没有事?

(6) A　tǎolùn huánbǎo wèntí　讨论环保问题
　　B　tǎolùn tǎolùn wèntí　讨论讨论问题

▶ 듣기 훈련 1

1. 본문을 듣고 어떤 내용인지 생각해 보세요. **TRACK 10-11**
필요한 내용은 빈칸에 써 보세요. 모든 내용을 다 쓸 필요는 없습니다.

2. 본문을 다시 듣고 질문에 알맞은 답을 찾아 보세요. TRACK 10-12

　(1) A　　　　　　　　　　　　　　　B

　(2) A　饭特别贵　　　　　　　　　　B　饭非常好吃

3. 잘 듣고 빈칸을 채운 후 큰 소리로 읽어 보세요. TRACK 10-13

　(1) 你们小区真漂亮，有很_____树，花也不_____。

　(2) 去饭馆吃饭很_____，饭也非常好吃。

　(3) 我很_____去饭馆吃饭。

　(4) 我_____去小区旁边的茶馆。

듣기 훈련 2

1. 본문을 듣고 어떤 내용인지 생각해 보세요. **TRACK 10-14**

들리는 대로 편안하게 써 보세요. 한자가 생각나지 않는다면, 한어병음만이라도 써 보세요.

---

2. 본문을 다시 듣고 질문에 알맞은 답을 찾아 보세요. **TRACK 10-15**

(1) A 不太远 　　　　　 B 非常远

(2) A 张老师家非常近 　　B 五个同学一起走

(3) A 上课 　　　　　　 B 讨论问题

3. 본문 내용을 바탕으로 각 질문에 간단명료하게 답해 보세요.

    (1) 王英下午去哪儿?

    (2) 张老师家远吗?

    (3) 王英怎么去?

    (4) 王英他们去张老师家有什么事?

📘 듣기 훈련 3

1. 본문을 듣고 어떤 내용인지 생각해 보세요. TRACK 10-16
필요한 내용은 빈칸에 써 보세요. 모든 내용을 다 쓸 필요는 없습니다.

2. 본문 내용을 다시 듣고 질문에 알맞은 답을 찾아 보세요. **TRACK 10-17**

　(1) A　图书馆　　　B　银行

　(2) A　买书　　　　B　吃饭

　(3) A　汽车　　　　B　人

3. 잘 듣고 빈칸을 채운 후 큰 소리로 읽어 보세요. **TRACK 10-18**

　(1) 中国不＿＿＿＿小区都很漂亮，有很多树，有很多花。

　(2) 小区旁边有超市、银行、商场，＿＿＿＿一定有书店，

　　也＿＿＿＿一定有图书馆。

　(3) 小区旁边都有饭馆、茶馆，吃饭、喝茶都不是很贵，就是汽车太

　　＿＿＿＿。

▶ 마무리 정리

1. 사진의 상황 및 풍경을 자유롭게 표현해 보세요.

　(1)

(2)

11 Nǐ zài zhèr mǎi shénme?
你在这儿买什么?
당신은 여기에서 무엇을 사나요?

 발음 연습

1. 잘 듣고 녹음에 나온 음절을 찾아 보세요. TRACK 11-1

(1) shī / xī (2) sì / shì (3) kuà / kuā (4) qǐ / jù

(5) huà / fā (6) nǔ / rú (7) mǎi / huài (8) qì / jì

(9) qiū / jiù (10) xǔ / lǜ (11) kuān / guàn (12) bǎi / pà

2. 잘 듣고 녹음에 나온 단어를 찾아 보세요. TRACK 11-2

(1) biǎoyáng / piàoliang (2) diànniàn / tiānrán (3) xīwàng / xūpàng

(4) wǔshuì / wūshuǐ (5) jìnbīng / jiānbing (6) yuánquán / yǎnkàn

(7) yuányīn / yǎnjing (8) wūrǎn / wǔrǔ

3. 잘 듣고 따라 읽으며 빈칸에 알맞은 성모를 써 보세요. TRACK 11-3

(1) ___ì ___ī   (2) ___ǐ ___í   (3) ___ián ___ú

(4) ___iǎ ___ú   (5) ___ī ___ao   (6) ___í ___ào

(7) ___án ___en   (8) ___āi ___ǐ   (9) ___uānyíng

(10) ___ǎo ___ì   (11) ___à ___uō ___ù   (12) ___ěn ___eyàng

4. 잘 듣고 녹음에 나온 단어의 한어병음을 써 보세요. **TRACK 11-4**

(1) _____   (2) _____   (3) _____

(4) _____   (5) _____   (6) _____

(7) _____   (8) _____   (9) _____

(10) _____ (11) _____ (12) _____

5. 잘 듣고 주요 표현을 따라 읽어 보세요. **TRACK 11-5**

(1) zuì   (2) zuò   (3) shàngxué   (4) huídá

(5) zhǔnbèi   (6) àihào   (7) yīshēng   (8) míngnián

(9) xūyào   (10) gǎn xìngqù (11) fā píqi   (12) hènbude

6. 잘 듣고 귀로 한 번, 눈으로 한 번 확인해 보세요. **TRACK 11-6**

(1) pánzi 盘子

(2) wǎn 碗

(3) sháo 勺

(4) chāzi 叉子

듣기 워밍업

1. 잘 듣고 따라 읽으며 새 단어를 익혀 보세요. **TRACK 11-7**

在 zài 젠 ~에, ~에서, ~에 있어서	坐 zuò 동 앉다, (교통수단을) 타다
手机 shǒujī 명 휴대전화	地铁 dìtiě 명 지하철
大 dà 형 크다, 많다, 세다	快 kuài 형 빠르다
只 zhǐ 부 단지, 다만, 오직	记 jì 동 기억하다
喜欢 xǐhuan 동 좋아하다, 마음에 들다, 사랑하다	号 hào 명 번호, 사이즈
逛 guàng 동 한가롭게 거닐다, 돌아다니다, 구경하다	号码 hàomǎ 명 번호, 숫자
从 cóng 젠 ~부터	新 xīn 형 새롭다, 새것의
到 dào 동 도착하다, 도달하다, 이르다	说 shuō 동 말하다, 이야기하다, 설명하다
从……到…… cóng……dào…… ~부터 ~까지	再 zài 부 재차, 다시, 또
汽车站 qìchē zhàn 명 정류장, 정거장	遍 biàn 양 번, 회, 차례
汽车 qìchē 명 자동차	忙 máng 형 바쁘다, 서두르다
公共汽车 gōnggòng qìchē 명 버스	参观 cānguān 동 참관하다, 견학하다
站 zhàn 명 역, 정류소, 정거장	聊天儿 liáotiānr 동 한담하다, 잡담을 나누다
等 děng 동 기다리다	聊 liáo 동 한담하다, 잡담하다

2. 잘 듣고 따라 읽으며 구와 문장을 익혀 보세요. **TRACK 11-8**

(1) shǒujī hàomǎ 手机号码

(2) xīn shǒujī hàomǎ 新手机号码

(3) wǒ de xīn shǒujī hàomǎ 我的新手机号码

(4) cóng jiā dào qìchē zhàn 从家到汽车站

(5) cóng qìchē zhàn dào dìtiě zhàn 从汽车站到地铁站

(6) cóng shūdiàn dào chāoshì 从书店到超市

⑺ Cóng jiā dào dìtiě zhàn zǒu shí fēnzhōng. 从家到地铁站走十分钟。

⑻ Zuò dìtiě hěn kuài. 坐地铁很快。

⑼ Zuò qìchē bú kuài, zuò dìtiě kuài. 坐汽车不快，坐地铁快。

⑽ Wǒ děng nǐ. 我等你。

⑾ Wǒ zài qìchē zhàn děng nǐ. 我在汽车站等你。

⑿ Wǒ xiàwǔ zài túshūguǎn děng nǐ. 我下午在图书馆等你。

⒀ Wǒ míngtiān zhōngwǔ shíyī diǎn zài fànguǎn děng nǐ.
我明天中午十一点在饭馆等你。

⒁ Zài shuō yí biàn. 再说一遍。

⒂ Wǒ xǐhuan guàng shāngchǎng. 我喜欢逛商场。

⒃ Méi shì de shíhou, wǒ xǐhuan guàng shūdiàn.
没事的时候，我喜欢逛书店。

3. 잘 듣고 녹음에 나온 문장을 찾아 보세요. **TRACK 11-9**

⑴ A Mǎi shǒujī qù shāngchǎng hǎo.
买手机去商场好。

B Mǎi shǒujī qù dà shāngchǎng hǎo.
买手机去大商场好。

⑵ A Nǐ zài zhèr mǎi shénme?
你在这儿买什么?

B Nǐ lái zhèr mǎi shénme?
你来这儿买什么?

⑶ A Nǐ zài qìchē zhàn děng wǒ, wǒmen yìqǐ zǒu.
你在汽车站等我，我们一起走。

B Nǐ zài dìtiě zhàn děng wǒ, wǒmen yìqǐ zǒu.
你在地铁站等我，我们一起走。

(4) A Cóng zhèr dào jiā bú tài yuǎn.
       从这儿到家不太远。

    B Cóng zhèr dào tā jiā bú tài yuǎn.
       从这儿到他家不太远。

(5) A Nǐ jì yíxià wǒ de shǒujī hàomǎ.
       你记一下我的手机号码。

    B Nǐ jì yíxià wǒ de shǒujī hào ba.
       你记一下我的手机号吧。

(6) A Wǒ zài shuō yí biàn.
       我再说一遍。

    B Qǐng zài shuō yí biàn.
       请再说一遍。

▶ 듣기 훈련 1

1. 본문을 듣고 어떤 내용인지 생각해 보세요. **TRACK 11-10**

   필요한 내용은 빈칸에 써 보세요. 모든 내용을 다 쓸 필요는 없습니다.

   _____

   _____

   _____

   _____

2. 본문을 다시 듣고 질문에 알맞은 답을 찾아 보세요. **TRACK 11-11**

   (1) A 很漂亮 　　　　　　　　B 不太贵

   (2) A 大商场有三种手机 　　　B 大商场有很多种手机

   (3) A 东边 　　　　　　　　　B 旁边

3. 잘 듣고 빈칸을 채운 후 큰 소리로 읽어 보세요. **TRACK 11-12**

   (1) 李美丽，你_____这儿买什么?

   (2) 我想买手机。你看，这个_____?

   (3) 你_____贵不贵?

   (4) 买手机去大商场好，你看，这儿_____有三种，大商场有很多种。

듣기 훈련 2

1. 본문을 듣고 어떤 내용인지 생각해 보세요. **TRACK 11-13**

들리는 대로 편안하게 써 보세요. 한자가 생각나지 않는다면, 한어병음만이라도 써 보세요.

_____

_____

_____

_____

_____

2. 본문을 다시 듣고 질문에 알맞은 답을 찾아 보세요. **TRACK 11-14**

(1) A 有事　　　　　B 没事

(2) A 汽车站　　　　B 地铁站

(3) A 没有　　　　　B 有

3. 본문 내용을 바탕으로 각 질문에 간단명료하게 답해 보세요.

  (1) 星期日晚上她们去哪儿?

  (2) 她们几点走?

  (3) 她们为什么坐地铁?

▶ 듣기 훈련 3

1. 본문을 듣고 어떤 내용인지 생각해 보세요. TRACK 11-15

   필요한 내용은 빈칸에 써 보세요. 모든 내용을 다 쓸 필요는 없습니다.

   _____
   _____
   _____
   _____
   _____
   _____

2. 본문을 다시 듣고 질문에 알맞은 답을 찾아 보세요. **TRACK 11-16**

(1) A

		星期一	星期二	星期三	星期四	星期五
上午	8:00-9:30	口语	综合	综合	口语	写字
	10:00-11:30	综合	音乐	听力	综合	听力
下午	2:00-3:30		口语		电影	

B

		星期一	星期二	星期三	星期四	星期五
上午	8:00-9:30	口语	综合	综合	口语	
	10:00-11:30	综合	口语		综合	听力
下午	2:00-3:30					

(2) A 上网　　　　　B 逛商店

3. 본문 내용을 바탕으로 해당하는 일과에 √표해 보세요.

	上网	上课	喝咖啡	参观	看书	学习汉语	聊天儿	逛商店
(1) 每天上午"我"要								
(2) 下午"我"喜欢								
(3) 晚上"我"喜欢								
(4) 晚上"我"要								

▶ 마무리 정리

1. 자신의 상황에 맞게 각 질문에 자유롭게 답해 보세요.

(1) 你的手机是在哪儿买的?

(2) 你的手机贵不贵?

(3) 你的手机漂亮吗?

(4) 你喜欢逛商场吗?

(5) 你喜欢上网吗?

(6) 你喜欢聊天儿吗?

(7) 你每天上午都有课吗?

(8) 你喜欢喝咖啡吗?

(9) 我说我的手机号,你记一下好吗?

(10) 你再说一遍我的手机号,好吗?

12 Zuò qìchē hǎo, háishi qí zìxíngchē hǎo?
坐汽车好，还是骑自行车好？
버스를 타는 게 좋을까요, 아니면 자전거를 타는 게 좋을까요?

1. 잘 듣고 녹음에 나온 음절을 찾아 보세요. **TRACK 12-1**

(1) sǔn / suì (2) zhǐ / cì (3) yuè / yè (4) tiān / tīng

(5) yuǎn / yǎn (6) wèi / wèn (7) yǒu / yǒng (8) dié / qiē

(9) quán / xuán (10) zūn / cún (11) zì / cí (12) jiào / qiáo

(13) zhǐ / cǐ (14) jīng / qìng (15) huàn / huáng (16) dūn / tuì

(17) xiě / xué (18) ruì / kuì

2. 잘 듣고 녹음에 나온 단어를 찾아 보세요. **TRACK 12-2**

(1) jìjié / zhíjiē (2) tiānqì / diǎnlǐ (3) zújì / zhùyì

(4) zájì / zájù (5) yuànyán / yǎnsuàn (6) shàngwǔ / xiàwǔ

(7) dìfāng / dìfang (8) shíjì / sījī

3. 잘 듣고 따라 읽으며 빈칸에 알맞은 성모를 써 보세요. **TRACK 12-3**

(1) ____ī____ùn (2) ____ìyào (3) ____íyǔ

(4) ____ī____àn (5) ____ù____uà (6) ____è____ū

(7) ____ī____ǔ (8) ____ènyì (9) ____ī____í

(10) ____ì____óng (11) ____ǎn____òng (12) ____uán____uǐ

4. 잘 듣고 녹음에 나온 단어의 성조를 표기해 보세요. **TRACK 12-4**

(1) fakuan   (2) juxing   (3) rumi   (4) gangcai

(5) diaocha   (6) huixin   (7) kuaiche (8) lifa

(9) bangmang (10) ganzao   (11) huanghua (12) weishengzhi

5. 잘 듣고 주요 표현을 따라 읽어 보세요. **TRACK 12-5**

(1) bāng   (2) zū   (3) lí   (4) xiǎoshí

(5) zuótiān   (6) bānjiā   (7) búcuò   (8) zuòkè

(9) yǐjing   (10) kěyǐ   (11) fāngbiàn (12) dǎ diànhuà

6. 잘 듣고 귀로 한 번, 눈으로 한 번 확인해 보세요. **TRACK 12-6**

(1) dāo 刀

(2) bēizi 杯子

(3) kuàngquánshuǐ 矿泉水

(4) sǎn 伞

듣기 워밍업

1. 잘 듣고 따라 읽으며 새 단어를 익혀 보세요. TRACK 12-7

回答 huídá 동 대답하다, 응답하다	介绍 jièshào 동 소개하다, 안내하다
上学 shàngxué 동 등교하다, 학교에 다니다	自己 zìjǐ 대 자기, 자신
还是 háishi 접 또는, 아니면	大学 dàxué 명 대학, 대학교
工作 gōngzuò 동 일하다, 작업하다 명 일, 작업	年级 niánjí 명 학년
医生 yīshēng 명 의사	明年 míngnián 명 내년
爸爸 bàba 명 아빠, 아버지	准备 zhǔnbèi 동 준비하다, ~하려고 하다
做 zuò 동 만들다, 하다, 일하다	干 gàn 동 일을 하다, 담당하다
骑 qí 동 (동물이나 자전거 위에) 타다	需要 xūyào 동 요구되다, 필요로 하다
自行车 zìxíngchē 명 자전거	爱好 àihào 명 취미, 기호
对 duì 전 ~에게, ~를 향해, ~에 대하여	旅游 lǚyóu 동 여행하다, 관광하다
身体 shēntǐ 명 몸, 건강	最 zuì 부 가장, 제일, 최고
可是 kěshì 접 그러나, 그렇지만, 그런데	先 xiān 부 먼저, 우선
更 gèng 부 더욱, 훨씬, 한층 더	感兴趣 gǎn xìngqù 관심이 있다, 흥미를 느끼다, 좋아하다
因为 yīnwèi 접 왜냐하면, ~때문에	

2. 잘 듣고 따라 읽으며 구와 문장을 익혀 보세요. TRACK 12-8

(1) duì shēntǐ hǎo 对身体好

(2) Qí chē duì shēntǐ hǎo. 骑车对身体好。

(3) Qí zìxíngchē duì shēntǐ hǎo. 骑自行车对身体好。

(4) Nǐ xiǎng gōngzuò, háishi xiǎng shàngxué? 你想工作，还是想上学？

(5) Shàngxué hǎo, háishi gōngzuò hǎo? 上学好，还是工作好？

⑹ Zuò qìchē hǎo, háishi qí zìxíngchē hǎo? 坐汽车好，还是骑自行车好？

⑺ Zhǔnbèi gàn shénme? 准备干什么？

⑻ Nǐ zhǔnbèi gàn shénme? 你准备干什么？

⑼ Míngnián nǐ zhǔnbèi gàn shénme? 明年你准备干什么？

⑽ Wǒ de àihào tèbié duō. 我的爱好特别多。

⑾ Wǒ xǐhuan qí zìxíngchē. 我喜欢骑自行车。

⑿ Wǒ xǐhuan qí zìxíngchē lǚyóu. 我喜欢骑自行车旅游。

3. 잘 듣고 녹음에 나온 문장을 찾아 보세요. **TRACK 12-9**

⑴ A Wǒ yǒu jǐ ge wèntí.
　　我有几个问题。

　B Wǒ yǒu yí ge wèntí.
　　我有一个问题。

⑵ A Nǐ xǐhuan zuò lǎoshī ma?
　　你喜欢做老师吗？

　B Nǐ xǐhuan Zhāng lǎoshī ma?
　　你喜欢张老师吗？

⑶ A Qìchē hǎo, háishi zìxíngchē hǎo?
　　汽车好，还是自行车好？

　B Zuò qìchē hǎo, háishi qí zìxíngchē hǎo?
　　坐汽车好，还是骑自行车好？

⑷ A Tā bú shì Rìběn rén, tā shì Hánguó rén.
　　他不是日本人，他是韩国人。

　B Tā bú shì Rìběn rén, yě bú shì Hánguó rén.
　　他不是日本人，也不是韩国人。

(5) A　Nǐ míngtiān hé wǒmen yìqǐ qù lǚyóu ba.
　　　你明天和我们一起去旅游吧。

　　B　Nǐ míngtiān xiān hé wǒmen yìqǐ qù lǚyóu ba.
　　　你明天先和我们一起去旅游吧。

(6) A　Wǒ duì lǚyóu、zuò fàn dōu gǎn xìngqù.
　　　我对旅游、做饭都感兴趣。

　　B　Wǒ duì lǚyóu、chīfàn dōu gǎn xìngqù.
　　　我对旅游、吃饭都感兴趣。

듣기 훈련

▶ 듣기 훈련 1

1. 본문을 듣고 어떤 내용인지 생각해 보세요. **TRACK 12-10**
필요한 내용은 빈칸에 써 보세요. 모든 내용을 다 쓸 필요는 없습니다.

_____

_____

2. 본문을 다시 듣고 아이의 질문 순서대로 숫자를 써 보세요. TRACK 12-11

   (1) 做医生好，还是做老师好？（　　）

   (2) 上学好，还是工作好？（　　）

   (3) 坐汽车好，还是骑自行车好？（　　）

3. 본문 내용을 바탕으로 각 질문에 간단명료하게 답해 보세요.

   (1) 上学好，还是工作好？

   (2) 爸爸做什么工作？妈妈做什么工作？

   (3) 做医生好，还是做老师好？

   (4) 妈妈喜欢骑车，还是喜欢坐汽车？为什么？

   (5) 妈妈为什么最喜欢坐地铁？

▶ 듣기 훈련 2

1. 본문을 듣고 어떤 내용인지 생각해 보세요. TRACK 12-12
   들리는 대로 편안하게 써 보세요. 한자가 생각나지 않는다면, 한어병음만이라도 써 보세요.

___

2. 본문을 다시 듣고 질문에 알맞은 답을 찾아 보세요. TRACK 12-13
   (1) A 中国人　　　　B 韩国人
   (2) A 王英　　　　　B 林小弟
   (3) A 他不知道　　　B 先去旅游

3. 잘 듣고 빈칸을 채운 후 큰 소리로 읽어 보세요. **TRACK 12-14**

(1) 明年你们准备＿＿＿＿＿＿？工作还是上学？

(2) 我想工作，＿＿＿＿＿＿干什么呢？

(3) 我＿＿＿＿＿＿喜欢骑自行车旅游。

▶ 듣기 훈련 3

1. 본문을 듣고 어떤 내용인지 생각해 보세요. **TRACK 12-15**
필요한 내용은 빈칸에 써 보세요. 모든 내용을 다 쓸 필요는 없습니다.

2. 본문을 다시 듣고 누구의 상황인지 A와 B로 구분해 표기해 보세요. TRACK 12-16

A 王英	B 林小弟

(1) 最喜欢骑自行车旅游（　　）

(2) 明年还想上学（　　）

(3) 妈妈是老师（　　）

(4) 喜欢上网（　　）

(5) 对做饭感兴趣（　　）

(6) 爸爸是医生（　　）

(7) 喜欢喝茶（　　）

(8) 喜欢骑自行车（　　）

(9) 喜欢旅游（　　）

(10) 明年想工作（　　）

3. 잘 듣고 빈칸을 채운 후 큰 소리로 읽어 보세요. TRACK 12-17

(1) 可是做老师需要________上学，做医生也需要________上学。

(2) 明年王英________想上学。

(3) 他喜欢喝茶、喜欢上网、喜欢骑自行车，他________旅游、做饭也感兴趣。

(4) 王英和林小弟明天要一起去旅游，他们想________自行车去。

▶ 마무리 정리

1. 자신의 상황에 맞게 각 질문에 자유롭게 답해 보세요.

   (1) 你明年想干什么?

   (2) 你对什么感兴趣?

   (3) 你有什么爱好?

   (4) 你觉得上学好，还是工作好?

   (5) 你觉得坐汽车好，还是骑自行车好?

13 Nǐ qǐchuáng le ma?
你起床了吗?
당신 일어났어요?

 발음 연습

1. 잘 듣고 녹음에 나온 단어를 찾아 보세요. **TRACK 13-1**

(1) lànmàn / làngmàn (2) bíkǒng / qìgōng (3) gǔlì / gūlì

(4) hěnxīn / hǎoxīn (5) duìfu / tuìwǔ (6) guìzhòng / kuīkong

(7) fēijī / huìqì (8) jièzhù / chīcù (9) bú huì / bú guì

(10) zìyàng / zhìxiàng (11) sìyì / xīqí (12) kūqì / gùyì

2. 잘 듣고 따라 읽으며 빈칸에 알맞은 성모를 써 보세요. **TRACK 13-2**

(1) ér____iě (2) ____iě____ué (3) ____éng____iù

(4) ____iū____ǐ (5) ____àngwǔ (6) ____ǎn____áo____iú

(7) ____àn____iàn (8) ____uàn____i (9) ____ài____ān

(10) ____ài____īn (11) ____ó____è (12) ____ā____í____i

(13) ____iàn____ǐ____í____iǎn (14) ____ān____īng____uǐ____iù

(15) ____ǔ____è____í____ǐn (16) ____āng____ìng____ū____iú

120

3. 잘 듣고 빈칸에 알맞은 운모와 성조를 써 보세요. **TRACK 13-3**

(1) f____ c____   (2) d____ f____   (3) m____ q____

(4) p____ ch____   (5) zh____ ch____   (6) l____ sh____

(7) f____ z____   (8) z____ d____   (9) k____ d____

(10) j____ s____   (11) sh____ b____   (12) k____ j____ j____

4. 잘 듣고 주요 단어를 따라 읽어 보세요. **TRACK 13-4**

(1) chuān   (2) hòu   (3) gàosu   (4) hǎokàn

(5) zhème   (6) shūfu   (7) bànfǎ   (8) zěnme

(9) tīngshuō   (10) yìdiǎnr   (11) yǒudiǎnr   (12) yíhuìr

5. 잘 듣고 귀로 한 번, 눈으로 한 번 확인해 보세요. **TRACK 13-5**

(1) wàzi 袜子

(2) kùzi 裤子

(3) chènshān 衬衫

(4) T xùshān T恤衫

듣기 워밍업

1. 잘 듣고 따라 읽으며 새 단어를 익혀 보세요. **TRACK 13-6**

了 le [조] [완성·완료, 새로운 상황의 출현 등을 나타냄]	搬 bān [동] 옮기다, 이사하다
昨天 zuótiān [명] 어제	搬家 bānjiā [동] 이사하다, 집을 옮기다
给 gěi [개] ~에게, ~를 향하여	帮 bāng [동] 돕다, 거들다
打电话 dǎ diànhuà 전화를 걸다	上 shàng [명] 앞의 것, 지난 것
电话 diànhuà [명] 전화	已经 yǐjing [부] 이미, 벌써
离 lí [동] 떠나다, 헤어지다	做客 zuòkè [동] 손님이 되다, 방문하다
要 yào [동] 필요하다, 원하다, 가지다	东西 dōngxi [명] 물건, 사물
小时 xiǎoshí [명] 시간	又 yòu [부] 또, 더욱
地图 dìtú [명] 지도	光盘 guāngpán [명] CD, 콤팩트 디스크
方便 fāngbiàn [형] 편리하다	回 huí [동] 돌아오다, 돌아가다, 되돌리다
下 xià [명] 다음 것, 나중의 것	学校 xuéxiào [명] 학교
租 zū [동] 빌리다, 빌려주다	……的时候 …… de shíhou ~할 때, ~일 때
房子 fángzi [명] 집, 건물	时候 shíhou [명] 때, 시각
可以 kěyǐ [조동] ~할 수 있다, ~해도 좋다	不错 búcuò [형] 괜찮다, 좋다
走路 zǒulù [동] 걷다, 길을 가다	

2. 잘 듣고 따라 읽으며 구와 문장을 익혀 보세요. **TRACK 13-7**

(1) gěi nǐ dǎ diànhuà
　　给你打电话

(2) Wǒ gěi nǐ dǎ diànhuà le.
　　我给你打电话了。

(3) Zuótiān, wǒ gěi nǐ dǎ diànhuà le.
　　昨天，我给你打电话了。

(4) yí ge xiǎoshí
一个小时

(5) Zuò dìtiě yào yí ge xiǎoshí.
坐地铁要一个小时。

(6) Cóng jiā dào xuéxiào, zuò dìtiě yào yí ge xiǎoshí.
从家到学校，坐地铁要一个小时。

(7) zū fángzi
租房子

(8) Wǒ zū fángzi le.
我租房子了。

(9) Wǒ zài nà ge xiǎoqū zū fángzi le.
我在那个小区租房子了。

(10) gāoxìng shì
高兴事

(11) Nǐ yǒu shénme gāoxìng shì?
你有什么高兴事？

(12) Wǒ bānjiā le.
我搬家了。

(13) Wǒ yǐjing bānjiā le.
我已经搬家了。

(14) Shàng xīngqīliù, wǒ yǐjing bānjiā le.
上星期六，我已经搬家了。

(15) lái wǒ jiā zuòkè
来我家做客

(16) Qǐng lái wǒ jiā zuòkè.
请来我家做客。

3. 잘 듣고 녹음에 나온 문장을 찾아 보세요. **TRACK 13-8**

(1) A Zuótiān wǒ qù xīn shāngchǎng le.
        昨天我去新商场了。

   B Zuótiān wǒ qù nà ge xīn shāngchǎng le.
        昨天我去那个新商场了。

(2) A Nǐmen xuéxiào lí nǐ jiā yuǎn ma?
        你们学校离你家远吗?

   B Xuéxiào lí nǐmen jiā yuǎn ma?
        学校离你们家远吗?

(3) A Nàr yǒu chīfàn、hē chá de dìfang ma?
        那儿有吃饭、喝茶的地方吗?

   B Nàr yǒu hē chá、chīfàn de dìfang ma?
        那儿有喝茶、吃饭的地方吗?

(4) A Shàng xīngqīliù wǒ yǐjing bān le, lái wǒ jiā zuòkè ba.
        上星期六我已经搬了，来我家做客吧。

   B Wǒ shàng xīngqīliù yǐjing bān le, lái wǒ jiā zuòkè ba.
        我上星期六已经搬了，来我家做客吧。

(5) A Tā méi chī zǎofàn jiù qù guàng shāngchǎng le.
        他没吃早饭就去逛商场了。

   B Tā méi chī zǎofàn jiù qù xīn shāngchǎng le.
        他没吃早饭就去新商场了。

(6) A Zhè ge xīngqīliù, tā yòu qù le.
        这个星期六，他又去了。

   B Zhè ge xīngqīliù, tā jiù qù le.
        这个星期六，他就去了。

듣기 훈련

▶ 듣기 훈련 1

1. 본문을 듣고 어떤 내용인지 생각해 보세요. **TRACK 13-9**

필요한 내용은 빈칸에 써 보세요. 모든 내용을 다 쓸 필요는 없습니다.

_____

_____

_____

_____

2. 본문을 다시 듣고 질문에 알맞은 답을 찾아 보세요. **TRACK 13-10**

　(1) A　起床　　　　　B　吃饭

　(2) A　学校　　　　　B　商场

　(3) A　没坐　　　　　B　坐了

3. 본문 내용을 바탕으로 각 질문에 간단명료하게 답해 보세요.

　(1) 林小弟昨天去哪个商场了?

　(2) 商场离学校近吗?

　(3) 在商场，林小弟买什么了?

　(4) 山田佑下星期想做什么?

▶ 듣기 훈련 2

1. 본문을 듣고 어떤 내용인지 생각해 보세요. **TRACK 13-11**
   들리는 대로 편안하게 써 보세요. 한자가 생각나지 않는다면, 한어병음만이라도 써 보세요.

2. 본문을 다시 듣고 질문에 알맞은 답을 찾아 보세요. **TRACK 13-12**

(1) A 前边　　　　　B 后边

(2) A 王英在这儿　　B 她喜欢这儿

(3) A 已经搬了　　　B 下星期六

3. 잘 듣고 빈칸을 채운 후 큰 소리로 읽어 보세요. **TRACK 13-13**

(1) 太_____了!

(2) 去学校坐汽车、坐地铁都行，骑自行车也_____。

(3) 走路也行，最_____走40分钟。

(4) 我上星期六_____搬了，来我家做客吧。

▶ 듣기 훈련 3

1. 본문을 듣고 어떤 내용인지 생각해 보세요. **TRACK 13-14**

필요한 내용은 빈칸에 써 보세요. 모든 내용을 다 쓸 필요는 없습니다.

_____

_____

2. 본문을 다시 듣고 질문에 알맞은 답을 찾아 보세요. TRACK 13-15

(1) A 吃早饭   B 去商场

(2) A 他想买东西   B 只想逛商场

(3) A 他喜欢的光盘   B 没买什么东西

(4) A 租房子   B 看同学

3. 잘 듣고 빈칸을 채운 후 큰 소리로 읽어 보세요. TRACK 13-16

(1) 山田佑八点起床，_____吃早饭就去那个新商场了。

(2) 这个星期六，他_____去了。

(3) 他觉得那个小区真_____，他也想在那儿租房子。

▶ 마무리 정리

1. 자신의 상황에 맞게 각 질문에 자유롭게 답해 보세요.

   ⑴ 你最喜欢的商场在哪儿？你坐车去，还是走路去？要多长时间？

   ⑵ 你经常去商场买什么？

   ⑶ 你的学校环境怎么样？

   ⑷ 买东西的时候，你最高兴的事是什么？最不高兴的事是什么？

14 Yí dào shíyī yuè jiù lěng le.
一到十一月就冷了。
11월이 되면 바로 추워져요.

 발음 연습

1. 잘 듣고 녹음에 나온 단어를 찾아 보세요. TRACK 14-1

(1) yīliàn / yìniàn   (2) wánmǎn / wánměi   (3) qìtǐ / qūtǐ

(4) chídào / zhìzào   (5) mìnglìng / míngliàng   (6) wùbì / hūxī

(7) píqi / biēqì   (8) zhēnzhèng / zhēnzhòng   (9) yùqī / yìqì

(10) shuōhuà / súhuà   (11) jǐnliàng / qīngliáng   (12) jìjié / qī yuè

2. 잘 듣고 빈칸에 알맞은 운모와 성조를 써 보세요. TRACK 14-2

(1) w____b____   (2) g____'____   (3) d____d____

(4) g____ch____   (5) ____n____   (6) j____x____

(7) w____l____   (8) k____g____   (9) p____sh____

(10) d____l____   (11) d____b____   (12) b____l____

(13) z____y____   (14) j____z____   (15) g____x____

(16) r____n____   (17) y____d____x____   (18) j____b____zh____

3. 잘 듣고 녹음에 나온 단어의 한어병음을 써 보세요. **TRACK 14-3**

(1) _____ (2) _____ (3) _____

(4) _____ (5) _____ (6) _____

(7) _____ (8) _____ (9) _____

(10) _____ (11) _____ (12) _____

4. 잘 듣고 주요 단어를 따라 읽어 보세요. **TRACK 14-4**

(1) zhù   (2) jiāo   (3) xué   (4) jìn

(5) tīng   (6) xiānsheng   (7) huānyíng   (8) diànshì

(9) qīngchu   (10) zhùyì   (11) kāishǐ   (12) hùxiāng

5. 잘 듣고 귀로 한 번, 눈으로 한 번 확인해 보세요. **TRACK 14-5**

(1) xié 鞋

(2) máoyī 毛衣

(3) qúnzi 裙子

(4) duǎnkù 短裤

 듣기 워밍업

1. 잘 듣고 따라 읽으며 새 단어를 익혀 보세요. TRACK 14-6

出租 chūzū 통 임대하다, 세를 놓다
出租车 chūzūchē 명 택시
冷 lěng 형 춥다, 차다
听说 tīngshuō 통 듣자 하니, 듣건대 ~라고 한다
冬天 dōngtiān 명 겨울
一……就…… yī……jiù…… ~하면 ~하다, ~하면 곧 ~하다, ~하자 마자 곧 ~하다
穿 chuān 통 입다, 신다
厚 hòu 형 두껍다, 깊다
衣服 yīfu 명 의복, 옷
告诉 gàosu 통 알리다, 말하다
毛衣 máoyī 명 털옷, 스웨터
羽绒服 yǔróngfú 명 (오리털이나 거위털로 만들어진) 다운재킷
一点儿 yìdiǎnr 양 조금, 약간
点儿 diǎnr 양 조금, 약간

好看 hǎokàn 형 보기 좋다, 근사하다
感冒 gǎnmào 통 감기에 걸리다 명 감기
这么 zhème 대 이런, 이렇게, 이와 같이
药 yào 명 약
看病 kànbìng 통 진찰하다, 진료를 받다
病 bìng 명 병 통 병이 나다, 앓다
花 huā 통 쓰다, 소비하다
怎么 zěnme 대 어떻게, 어째서, 왜
舒服 shūfu 형 편안하다, 상쾌하다
所以 suǒyǐ 접 그래서, 그러므로, 그런 까닭에
司机 sījī 명 기사, 운전 기사
牛奶 niúnǎi 명 우유
鸡蛋 jīdàn 명 계란, 달걀
趟 tàng 양 차례, 번[왕래한 횟수를 나타냄]
办法 bànfǎ 명 방법, 수단, 방식

2. 잘 듣고 따라 읽으며 구와 문장을 익혀 보세요. TRACK 14-7

(1) Dōngtiān tèbié lěng. 冬天特别冷。

(2) Zhèr dōngtiān tèbié lěng. 这儿冬天特别冷。

(3) Wǒ tīngshuō zhèr dōngtiān tèbié lěng. 我听说这儿冬天特别冷。

(4) Wǒ tīngshuō nǐ gǎnmào le. 我听说你感冒了。

⑸ Yí dào dōngtiān jiù lěng le.　一到冬天就冷了。

⑹ Tā yì yǒu qián jiù huā.　他一有钱就花。

⑺ zhǐ chuān yì tiáo kùzi　只穿一条裤子

⑻ Dōngtiān zhǐ chuān yì tiáo kùzi xíng ma?　冬天只穿一条裤子行吗?

⑼ zhème duō yīfu　这么多衣服

⑽ Dōngtiān yào chuān zhème duō yīfu?　冬天要穿这么多衣服?

⑾ zhème hǎokàn de yīfu　这么好看的衣服

⑿ zhème guì de yīfu　这么贵的衣服

⒀ Nǐ mǎi le zhème duō yīfu!　你买了这么多衣服!

⒁ Nǐ zěnme mǎi le zhème duō yīfu?　你怎么买了这么多衣服?

⒂ Zhè jiàn yīfu hǎokàn.　这件衣服好看。

⒃ Zhè zhǒng huā hǎokàn.　这种花好看。

⒄ Wǒ gǎnmào le, bù shūfu.　我感冒了，不舒服。

3. 잘 듣고 녹음에 나온 문장을 찾아 보세요.　TRACK 14-8

⑴ A　Wǒ tīngshuō nàr dōngtiān tèbié lěng.　我听说那儿冬天特别冷。
　　B　Wǒ tīngshuō zhèr dōngtiān tèbié lěng.　我听说这儿冬天特别冷。

⑵ A　Tā yǒu le qián jiù huā.　他有了钱就花。
　　B　Tā yì yǒu qián jiù huā.　他一有钱就花。

⑶ A　Dōngtiān yào chuān zhème duō yīfu?　冬天要穿这么多衣服?
　　B　Dōngtiān yào chuān nàme duō yīfu?　冬天要穿那么多衣服?

(4) A　Wáng Yīng hěn máng, bù xǐhuan guàng shāngchǎng.
　　　王英很忙，不喜欢逛商场。

　　B　Wáng Yīng hěn máng, bú tài xǐhuan guàng shāngchǎng.
　　　王英很忙，不太喜欢逛商场。

(5) A　Tā qù chāoshì le, yīnwèi míngtiān zǎoshang méiyǒu zǎofàn.
　　　她去超市了，因为明天早上没有早饭。

　　B　Tā qù chāoshì le, yīnwèi míngtiān zǎoshang tā méiyǒu zǎofàn.
　　　她去超市了，因为明天早上她没有早饭。

(6) A　Wáng Yīng yì tiān méi kàn shū, mǎi le sān tàng dōngxi.
　　　王英一天没看书，买了三趟东西。

　　B　Wáng Yīng yì tiān méiyǒu kàn shū, mǎi le sān tàng dōngxi.
　　　王英一天没有看书，买了三趟东西。

▶ 듣기 훈련 1

1. 본문을 듣고 어떤 내용인지 생각해 보세요. **TRACK 14-9**

필요한 내용은 빈칸에 써 보세요. 모든 내용을 다 쓸 필요는 없습니다.

_____

_____

_____

_____

_____

_____

2. 본문을 다시 듣고 질문에 알맞은 답을 찾아 보세요. **TRACK 14-10**

(1) A 地铁站　　　　B 超市

(2) A 不方便　　　　B 不感冒

(3) A 不好看　　　　B 不方便

3. 본문 내용을 바탕으로 각 질문에 간단명료하게 답해 보세요.

(1) 今天天气怎么样?

(2) 什么时候就冷了?

(3) 冬天要准备什么衣服?

(4) 感冒以后要做什么?

▶ 듣기 훈련 2

1. 본문을 듣고 어떤 내용인지 생각해 보세요. TRACK 14-11
   들리는 대로 편안하게 써 보세요. 한자가 생각나지 않는다면, 한어병음만이라도 써 보세요.

   _____

   _____

   _____

   _____

2. 본문을 다시 듣고 질문에 알맞은 답을 찾아 보세요. TRACK 14-12

   (1) A    B

   (2) A 衣服便宜   B 冬天太冷

   (3) A 不感冒   B 不舒服

3. 잘 듣고 빈칸을 채운 후 큰 소리로 읽어 보세요. **TRACK 14-13**

(1) 你_____买了这么多衣服？

(2) 我买了一_____羽绒服、两_____毛衣、
两_____厚裤子。

(3) 是不是_____便宜啊？

(4) 这儿_____十一月就冷了，只穿一条裤子一定_____。

🔳 듣기 훈련 3

1. 본문을 듣고 어떤 내용인지 생각해 보세요. **TRACK 14-14**
필요한 내용은 빈칸에 써 보세요. 모든 내용을 다 쓸 필요는 없습니다.

_____
_____
_____
_____

2. 본문을 다시 듣고 질문에 알맞은 답을 모두 찾아 보세요. **TRACK 14-15**

(1) A  B  C

D  E

(2) A  B

C  D

(3) A  B

C  D

3. 본문 내용을 바탕으로 각 질문에 간단명료하게 답해 보세요.

　(1) 王英为什么去买衣服？

　(2) 下午她为什么又去了超市？

　(3) 下午她又买羽绒服了吗？

　(4) 王英为什么一天都没有看书？

▶ 마무리 정리

1. 자신의 상황에 맞게 각 질문에 자유롭게 답해 보세요.

　(1) 你喜欢冬天吗？为什么？

　(2) 你觉得课文中出租车司机说得对吗？为什么？

　(3) "冬天不多穿衣服，好看，但是会感冒"和"冬天穿很多衣服，不好看，但是不会感冒"，你会怎么做？为什么？

15 Wǒ kěyǐ jìnlai ma?

我可以进来吗?

제가 들어가도 될까요?

1. 잘 듣고 녹음에 나온 음절을 찾아 보세요. **TRACK 15-1**

(1) jiàn / qián / lián (2) jiù / xiū / niú (3) cuò / zuò / huò

(4) duì / huì / guì (5) nǚ / lǜ / jù (6) què / xué / jué

(7) zé / cè / zhè (8) kuài / huài / shuāi (9) mǎi / nài / tài

(10) bǎi / pài / hài (11) nuǎn / huàn / zhuǎn (12) tāng / dāng / láng

2. 잘 듣고 녹음에 나온 단어를 찾아 보세요. **TRACK 15-2**

(1) gāngcái / kāngkǎi / hángxíng (2) kèduì / kōngdòng / gèwèi

(3) zuótiān / cúnzài / zuòwèi (4) xuǎnzé / quán jiā / quànjià

(5) xiūxián / qùnián / juānkuǎn (6) shǒuxù / xiūxi / xìngqù

(7) qíngkuàng / jǐngxiàng / jǐnliàng (8) lǚxíng / yǔjìng / nǔlì

(9) nánguā / lánhuā / liánhuā (10) àihù / ài kū / wàichū

(11) suǒyǐrán / suí fēng dǎo / jíjié hào (12) dǎ hūlu / bú ài kū / shèngdànshù

3. 잘 듣고 성조를 올바르게 표기해 보세요. **TRACK 15-3**

(1) fenkai (2) tanxin (3) piping (4) kexue (5) feifa

(6) ganxi (7) jianding (8) pianxiang (9) yuanyin (10) qiuxing

(11) fuchi (12) wuliao (13) hehuo (14) nandian (15) zhiye

(16) xingdong (17) binggan (18) qifei (19) laoren (20) fouze

(21) shenmei (22) haobi (23) qiye (24) xi'ai (25) fudan

(26) nianshu (27) shishi (28) liru (29) zuozhe (30) qiahao

(31) xiandai (32) fuyin

4. 잘 듣고 빈칸에 알맞은 한어병음을 써 보세요. **TRACK 15-4**

(1) Wǒ _____ jìnlai ma?

(2) _____ nín, wǒ hěn gāoxìng.

(3) Nín kěyǐ _____ shuō yí biàn ma?

(4) Shēngyīn xiǎo _____ , kěyǐ ma?

(5) Wǒ kěyǐ _____ nín tǎolùn ge wèntí ma?

(6) Wǒ duì huánbǎo hěn _____ .

5. 잘 듣고 주요 표현을 따라 읽어 보세요. **TRACK 15-5**

(1) sòng (2) ná (3) gěi (4) jì

(5) zhīdao (6) yíyàng (7) zhòngyào (8) yīnggāi

(9) máfan (10) shuǐguǒ (11) fāngfǎ (12) méi guānxi

6. 잘 듣고 귀로 한 번, 눈으로 한 번 확인해 보세요. TRACK 15-6

(1) màozi 帽子　　　(2) shǒujī 手机　　　(3) diànhuà 电话

듣기 워밍업

1. 잘 듣고 따라 읽으며 새 단어를 익혀 보세요. TRACK 15-7

进来 jìnlai 동 들어오다	注意 zhùyì 동 주의하다, 조심하다
坐 zuò 동 앉다, 타다	能 néng 조동 ~할 수 있다
住 zhù 동 살다, 머무르다	开 kāi 동 열다, 켜다
欢迎 huānyíng 동 환영하다, 기꺼이 맞이하다	开始 kāishǐ 동 시작하다
刚 gāng 부 방금, 막	岁 suì 양 살, 세[나이를 세는 단위]
先生 xiānsheng 명 선생, ~ 씨[성인 남자에 대한 존칭], 남편	学 xué 동 배우다, 공부하다
电视 diànshì 명 텔레비전	读 dú 동 읽다, 공부하다, 학교에 다니다
声 shēng 명 소리	研究生 yánjiūshēng 명 대학원생
声音 shēngyīn 명 소리	孩子 háizi 명 아이, 어린이
小 xiǎo 형 작다	互相 hùxiāng 부 서로, 상호
听 tīng 동 듣다	教 jiāo 동 가르치다
清 qīng 형 분명하다, 또렷하다	赵一民 Zhào Yīmín 고유 자오이민[인명]
清楚 qīngchu 형 분명하다, 또렷하다, 명백하다	赵月 Zhào Yuè 고유 자오위에[인명]
抱歉 bàoqiàn 형 미안해하다, 미안하게 생각하다	英语 Yīngyǔ 고유 영어
	日语 Rìyǔ 고유 일본어

2. 잘 듣고 따라 읽으며 구와 문장을 익혀 보세요. **TRACK 15-8**

(1) Kěyǐ jìnlai ma? 可以进来吗?

(2) Wǒ zhù wǔ líng èr. 我住502。

(3) Rènshi nín, wǒ hěn gāoxìng. 认识您，我很高兴。

(4) Shēngyīn xiǎo yìdiǎnr, kěyǐ ma? 声音小一点儿，可以吗?

(5) Diànshì shēngyīn xiǎo yìdiǎnr, kěyǐ ma? 电视声音小一点儿，可以吗?

(6) Wǒ méi tīng qīngchu. 我没听清楚。

(7) Nín kěyǐ zài shuō yí biàn ma? 您可以再说一遍吗?

(8) Diànshì shēngyīn tài dà. 电视声音太大。

(9) Wǒ yǐhòu yídìng zhùyì. 我以后一定注意。

(10) hé nín tǎolùn ge wèntí 和您讨论个问题

(11) Wǒ néng hé nín tǎolùn ge wèntí ma? 我能和您讨论个问题吗?

(12) kāishǐ zhǎo gōngzuò 开始找工作

(13) Tóngxué dōu kāishǐ zhǎo gōngzuò le. 同学都开始找工作了。

(14) Wǒ duì huánbǎo zuì gǎn xìngqù. 我对环保最感兴趣。

(15) dú yánjiūshēng 读研究生

(16) Néng qù nǐmen xuéxiào dú yánjiūshēng ma? 能去你们学校读研究生吗?

3. 잘 듣고 녹음에 나온 문장을 찾아 보세요. TRACK 15-9

(1) A Diànshì shēngyīn xiǎo yìdiǎnr, kěyǐ ma?
      电视声音小一点儿，可以吗？

   B Diànshì xiǎo yìdiǎnr shēngyīn, kěyǐ ma?
      电视小一点儿声音，可以吗？

(2) A Kàndào nín, wǒ hěn gāoxìng.
      看到您，我很高兴。

   B Rènshi nín, wǒ hěn gāoxìng.
      认识您，我很高兴。

(3) A Nín de diànshì shēngyīn tài dà.
      您的电视声音太大。

   B Nǐ de diànshì shēngyīn tài dà.
      你的电视声音太大。

(4) A Xiànzài wǒ duì huánbǎo zuì gǎn xìngqù.
      现在我对环保最感兴趣。

   B Xiànzài wǒ duì huánbǎo hěn gǎn xìngqù.
      现在我对环保很感兴趣。

(5) A Néng dú Rìběn de yánjiūshēng ma?
      能读日本的研究生吗？

   B Néng qù Rìběn dú yánjiūshēng ma?
      能去日本读研究生吗？

(6) A Yǐhòu kěyǐ bu kěyǐ hùxiāng xuéxí?
      以后可以不可以互相学习？

   B Yǐhòu kě bu kěyǐ hùxiāng xuéxí?
      以后可不可以互相学习？

듣기 훈련

▶ 듣기 훈련 1

1. 본문을 듣고 어떤 내용인지 생각해 보세요. **TRACK 15-10**

필요한 내용은 빈칸에 써 보세요. 모든 내용을 다 쓸 필요는 없습니다.

_____

_____

_____

_____

2. 본문을 다시 듣고 질문에 알맞은 답을 찾아 보세요. **TRACK 15-11**

(1) A 山田佑　　　　　　　B 赵一民

(2) A 他昨天搬来的　　　　B 电视声音太大

(3) A 我的电视声音不大　　B 我以后一定注意

3. 잘 듣고 빈칸을 채운 후 큰 소리로 읽어 보세요. **TRACK 15-12**

(1) ＿＿＿＿＿＿搬来吧？

(2) 您晚上看电视，声音小一点儿，＿＿＿＿＿＿吗？

(3) 你可以再说一遍吗？我没＿＿＿＿＿＿清楚。

(4) 我以后一定＿＿＿＿＿＿，再看电视声音小一点儿。

▶ 듣기 훈련 2

1. 본문을 듣고 어떤 내용인지 생각해 보세요. **TRACK 15-13**
들리는 대로 편안하게 써 보세요. 한자가 생각나지 않는다면, 한어병음만이라도 써 보세요.

_____

_____

_____

_____

_____

2. 본문을 다시 듣고 질문에 알맞은 답을 찾아 보세요. TRACK 15-14

　(1) A 不要再看电视了　　B 电视声音小一点儿

　(2) A 喜欢什么工作　　　B 想做什么工作

　(3) A 英语　　　　　　　B 环保

　(4) A 英语老师　　　　　B 环保工作

3. 본문 내용을 바탕으로 각 질문에 간단명료하게 답해 보세요.

　(1) 赵月大学几年级了？　　(2) 同学们开始干什么？

　(3) 赵月十五岁想干什么？　(4) 赵月现在的兴趣是什么？

듣기 훈련 3

1. 본문을 듣고 어떤 내용인지 생각해 보세요. TRACK 15-15

필요한 내용은 빈칸에 써 보세요. 모든 내용을 다 쓸 필요는 없습니다.

_____

_____

_____

2. 본문을 다시 듣고 서로 관련 있는 것끼리 연결해 보세요. **TRACK 15-16**

   (1) 山田佑　·　　　　　·　㈀ 赵一民的孩子

   (2) 赵月　　·　　　　　·　㈁ 想做司机

   (3) 现在赵月　·　　　　·　㈂ 对环保最感兴趣

   (4) 赵月是　·　　　　　·　㈃ 住502

   (5) 赵月五岁　·　　　　·　㈄ 学的是英语

   (6) 赵月十五岁　·　　　　·　㈅ 住504

   (7) 赵月十八岁　·　　　　·　㈆ 想做老师

   (8) 赵月大学　·　　　　　·　㈇ 想做医生

3. 본문 내용을 바탕으로 각 질문에 간단명료하게 답해 보세요.

   (1) 赵月问山田佑什么？

   (2) 山田佑怎么回答？

   (3) 赵月想和山田佑怎么互相学习？

▶ 마무리 정리

1. 자신의 상황에 맞게 각 질문에 자유롭게 답해 보세요.

   (1) 你小的时候，最想干什么工作？

   (2) 你现在最想干什么工作？

   (3) 你有互相学习的朋友吗？说一下你们的学习方法。

- 모범답안
- 해석

01

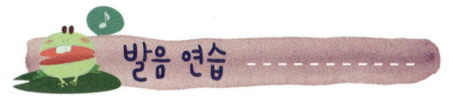

발음 연습의 한어병음의 한자와 우리말 뜻은 중급자들도 어려운 게 많습니다. 하나하나 다 외울 필요는 없으니 부담 갖지 말고 참고만 하세요.

3.

(1) 八 8, 여덟 — 爸 아빠, 아버지　　(2) 趴 엎드리다 — 怕 무서워하다
(3) 八 8, 여덟 — 爬 기다, 기어오르다　(4) 逼 핍박하다, 독촉하다 — 笔 붓, 필기구
(5) 披 걸치다 — 皮 피부, 가죽　　(6) 必 반드시, 필히 — 匹 필적하다, 필[말 등을 세는 단위]
(7) 搭 만들다, 타다 — 答 대답하다　(8) 他 그, 사람 — 塔 탑
(9) 打 때리다, 부수다, 싸우다 — 踏 밟다　(10) 革 바꾸다, 가죽 — 个 개, 명[물건·사람 등을 세는 단위]
(11) 壳 껍질 — 可 ~할 수 있다　(12) 哥 형, 오빠 — 科 과[연구 분야의 분류]
(13) 古 옛날, 오래되다 — 故 사고, 원인, 일부러　(14) 苦 쓰다, 고통스럽다 — 库 창고
(15) 估 평가하다, 짐작하다 — 哭 울다

4.

(1) 矮 작다, 낮다　(2) 爱 사랑하다　(3) 唉 후, 에그[탄식하는 소리]
(4) 熬 오래 끓이다, (죽을) 쑤다　(5) 澳 ['마카오'의 줄임말]　(6) 欧 '유럽'의 줄임말]
(7) 安 편안하다, 안정시키다　(8) 按 누르다　(9) 恩 은혜
(10) 摁 (손가락으로) 누르다　(11) 昂 머리를 들다, 우쭐거리다　(12) 盎 동이[입구가 작고 배가 불룩한 용기]
(13) 银 은　(14) 引 잡아당기다 이끌다　(15) 应 대답하다, 마땅히 ~해야 한다
(16) 影 그림자, 영상　(17) 耳 귀, 귀처럼 생긴 사물　(18) 二 2, 둘

5.

(1) 半 1/2, 절반 — 棒 막대기, 뛰어나다　(2) 笨 멍청하다, 서투르다 — 蹦 뛰어오르다, 껑충 뛰다
(3) 您 당신['你'의 존칭] — 宁 안녕하다　(4) 白 흰색, 하얗다 — 薄 얇다, 야박하다
(5) 反 반대의, 뒤집다 — 喊 외치다, 큰 소리로 부르다　(6) 旁 옆, 가 — 房 집, 방
(7) 买 사다 — 每 매, ~마다　(8) 满 가득하다, 꽉 채우다 — 某 어느, 모, 아무개

(9) 忙 바쁘다, 서두르다 — 名 이름, 유명한
(10) 费 비용, 요금, 소비하다 — 饭 밥, 식사
(11) 分 나누다, 구분하다 — 方 사각형, 쪽, 편
(12) 风 바람, 풍속 — 哼 흥얼거리다, 흥[코에서 나오는 소리]
(13) 到 도착하다, ~에 — 豆 콩
(14) 动 움직이다, 행동하다 — 定 안정하다, 확정하다
(15) 梦 꿈, 공상, 꿈꾸다 — 更 더욱, 또한

6.

(1) 否 부정하다, 아니다 — 够 충분하다, 제법
(2) 报 신문, 보고하다, 갚다 — 跑 뛰다, 도망가다
(3) 囊 주머니, 자루 — 浪 파도, 물결
(4) 叹 한숨 쉬다, 감탄하다 — 干 건조하다, 마르다
(5) 音 음, 소리, 소식 — 林 숲, 수풀
(6) 南 남쪽, 남부 — 航 운항하다, 항해하다
(7) 本 책, 공책, 뿌리, 본래의 — 风 바람, 풍속
(8) 仿 모방하다, 본뜨다 — 胖 뚱뚱하다
(9) 听 듣다, 따르다 — 顶 꼭대기, 들이받다
(10) 农 농사를 짓다, 농업, 농민 — 烘 (불에) 쬐다, 말리다
(11) 劳 일하다, 피로하다 — 烂 썩다, 흐물흐물하다
(12) 口 입, 입구, 식구 — 控 제어하다, 공중에 매달다

7.

(1) 分开 나누다, 헤어지다
(2) 安排 안배하다, 마련하다, 처리하다
(3) 冰冷 얼음같이 차다, 냉정하다
(4) 悲愤 슬프고 분하다
(5) 拼音 병음
(6) 开门 문을 열다, 영업을 시작하다
(7) 科普 과학 보급
(8) 公害 공해
(9) 额头 이마
(10) 恶梦 악몽, 흉몽
(11) 儿童 어린이, 아동
(12) 女儿 딸
(13) 葡萄 포도
(14) 衣服 옷, 의복
(15) 我们 우리, 우리들
(16) 你们 너희들, 당신들

8.

(1) ā 啊 아, 와[놀람·찬탄을 나타내는 감탄사]
(2) yǐ 以 ~로써, ~에 따라
(3) è 饿 배고프다, 굶주리다
(4) nǚ 女 여자, 딸, 암컷
(5) hóu 猴 원숭이
(6) dī 低 (고개를) 숙이다
(7) hǎo 好 좋다, 사이가 좋다, 건강하다
(8) nín 您 당신['你'의 존칭]

9.

(1) 말   (2) 호랑이   (3) 거위   (4) 물고기, 생선   (5) 포도   (6) 복숭아   (7) 배

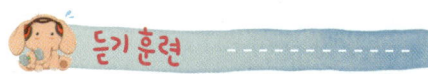

▶ 듣기 훈련 1

녹음대본

男　你好! 안녕!
女　你好! 안녕!

▶ 듣기 훈련 2

녹음대본

老师　你们好! 여러분, 안녕하세요!
学生　您好! 선생님, 안녕하세요!

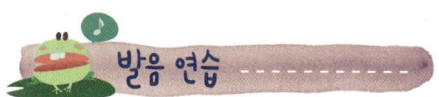

발음 연습의 한어병음의 한자와 우리말 뜻은 중급자들도 어려운 게 많습니다. 하나하나 다 외울 필요는 없으니 부담 갖지 말고 참고만 하세요.

2.

(1) 挖 파다, 찾아내다, 발굴하다　　娃 아기, 새끼　　瓦 기와, 와트　　袜 양말
(2) 窝 둥지, 굴, 몸의 움푹 패인 곳　　我 나, 저　　　　　　　　　　卧 눕다, 웅크리다
(3) 歪 비뚤다, 옳지 않다　　　　　　崴 (산길이나 강의) 굽이　外 밖, 겉, ~ 이외에

(4) 微 작다, 쇠약하다, 미묘하다　　唯 다만, 오로지　　尾 꼬리, 끝부분　　胃 위, 위장
(5) 弯 구불구불하다, 구부리다, 모퉁이　　完 완전하다, 끝나다　　晚 저녁, 늦은　　万 10000, 만, 매우, 절대로
(6) 温 따뜻하다, 데우다, 온도　　文 글, 문장　　稳 평온하다, 안정되다　　问 묻다
(7) 汪 물이 깊고 넓다　　王 왕, 으뜸　　网 그물, 그물 모양의 조직, 인터넷　　忘 잊다, 소홀히 하다
(8) 翁 노인, 늙은이　　　　　　　　　　滃 [구름이 피어 오르는 모양]　　瓮 독, 항아리, 옹기

3.

(1) 娃 아기, 새끼 — 瓦 기와, 와트　　　　我 나, 저 — 窝 둥지, 굴, 몸의 움푹 패인 곳
　　微 작다, 쇠약하다, 미묘하다 — 唯 다만, 오로지　　晚 저녁, 늦은 — 万 10000, 만, 매우, 절대로
　　wǒ 我 나, 저 — wàn 万 10000, 만, 매우, 절대로

(2) 稳 안정되다, 침착하다 — 问 묻다, 안부를 묻다　　忘 잊다, 소홀히 하다 — 网 그물, 그물 모양의 조직, 인터넷, 네트워크
　　汪 물이 깊고 넓다 — 王 왕, 으뜸　　歪 비뚤다, 옳지 않다, 비스듬히 하다 — 外 밖, 겉, 외국, ~이외에
　　wàng 忘 잊다, 소홀히 하다 — wāi 歪 비뚤다, 옳지 않다

4.

(1) 知 알다, 이해하다, 지식　　纸 종이　　至 이르다, ~의 지경에 이르다, 최고의
(2) 吃 먹다, 마시다　　迟 느리다, 둔하다, 늦다　　尺 척, 자
(3) 师 스승, 선생　　十 10, 열　　是 ~이다, 맞다, 그렇습니다
(4) 日 해, 하루, 일, 낮　　资 돕다, 자질, 재료, 자원　　自 몸소, 친히, 스스로
(5) 词 단어, 말　　此 이, 이것, 이렇게　　次 버금가다, 두 번째의
(6) 司 주관하다, ~국, ~부　　死 죽다, 버리다, 극도로 ~하다　　四 4, 넷

5.

(1) 知 알다, 이해하다, 지식 — 吃 먹다, 마시다　　纸 종이 — 使 (~에게) ~ 시키다, 외교관
　　知 알다, 이해하다, 지식 — 咨 자문하다, 상의　　次 버금가다, 두 번째의 — 斥 꾸짖다, 배척하다
　　chī 吃 먹다, 마시다 — cì 次 버금가다, 두 번째의

(2) 紫 자색의, 자줏빛의 — 死 죽다, 버리다, 극도로 ~하다　　日 해, 하루, 일, 낮 — 热 덥다, 뜨겁다, 데우다, 열
　　迟 느리다, 둔하다, 늦다 — 十 10, 열, 많은　　四 4, 넷 — 是 ~이다, 맞다, 그렇습니다
　　shí 十 10, 열 — sì 四 4, 넷

6.

(1) 桌 테이블, 탁자 — 做 만들다, 하다
(2) 追 쫓아가다, 따르다, 추구하다 — 苗 싹이 트다, (무럭무럭) 자라다
(3) 揣 옷 속에 넣다, 감추다 — 纯 깨끗하다, 순수하다, 완전히
(4) 传 전하다, 전파하다 — 乱 어지럽다, 무질서하다, 전쟁
(5) 双 쌍, 2개의, 2배의, 짝수의 — 甩 흔들다, 내던지다
(6) 锐 날카롭다, 예민하다 — 论 의논하다, 언급하다, 주장, 학설
(7) 热 덥다, 뜨겁다, 데우다, 열 — 了 [완성·변화·새로운 상황의 출현을 나타내는 조사]
(8) 谁 누구, 아무, 누가 — 吹 입으로 불다, 바람이 불다
(9) 涮 흔들어 씻다, 헹구다 — 顺 순조롭다, ~을 따르다, ~하는 김에
(10) 穿 입다, 신다, 통과하다, 뚫다 — 床 침대
(11) 最 가장, 제일 — 灰 재, 먼지, 잿빛의, 의기소침하다
(12) 完 다하다, 완수하다, 끝나다 — 缓 느리다, 완만하다

7.

(1) 发烧 열이 나다   对话 대화하다, 대화   额外 초과한, 별도의
    干燥 건조하다, 재미가 없다   gōngzuò 工作 일, 직업, 일하다, 작동하다

(2) 鼓掌 손뼉을 치다, 박수하다   好事 좋은 일, 경사   护照 여권
    上网 인터넷을 하다   huàzhǎn 画展 그림 전시회

(3) 宿舍 기숙사   问路 길을 묻다   打车 택시를 잡다, 택시를 타다
    做客 손님이 되다, 방문하다   zhōngwǔ 中午 정오, 점심

(4) 大使馆 대사관   二手货 중고, 중고품   哈密瓜 하미과[과일 이름]
    走过场 형식적으로 하다   zìzhùcān 自助餐 뷔페

8.

(1) 恩 은혜 / 肮 ['肮脏(더럽다)'의 일부]   (2) 百 100, 백, 많은 / 怕 무서워하다
(3) 民 백성, 국민, 대중 / 萌 싹이 돋다, 발생하다   (4) 带 띠, 벨트, 지역, 지니다 / 大 크다, 많다, 세다, 매우
(5) 妥 타당하다, 적당하다 / 走 걷다, 떠나다   (6) 若 ~와 같다, 만일 ~라면 / 日 해, 태양, 하루, 일, 낮
(7) 谁 누구, 아무, 누가 / 嘴 입, 부리   (8) 长 자라다, 생기다 / 谗 험담하다, 헐뜯다

9.

(1) chuān 穿 입다, 신다, 통과하다, 뚫다
(2) zhí 直 곧다, 곧게 하다, 솔직하다, 곧장
(3) chuāng 窗 창, 창문
(4) chǐ 尺 척, 자
(5) zhuǎ 爪 손톱, (짐승의) 발톱
(6) chuí 垂 드리우다, 늘어뜨리다
(7) shuì 睡 자다, 잠
(8) suō 缩 줄어들다, 움츠리다, 물러나다
(9) zuǒ 左 왼쪽
(10) zuì 最 가장, 제일
(11) zūn 尊 높다, 존경하다
(12) wài 外 밖, 겉, 외국, ~ 이외에
(13) wén 文 글, 문장
(14) wàng 望 멀리 바라보다, 희망하다, 방문하다
(15) rì 日 해, 하루, 일, 낮
(16) wēng 翁 노인, 늙은이

10.

(1) 파인애플   (2) 딸기   (3) 사과   (4) 양말   (5) 바지   (6) 셔츠

11.

(1) 수업을 시작하겠습니다.
(2) 따라 읽으세요.
(3) 제 발음을 들어 보세요.
(4) 좋아요. / 잘했어요.
(5) 수업을 마치겠습니다.

듣기 워밍업

2.

(1) 안녕! / 안녕하세요![아침 인사]
(2) 어느 나라 사람이에요?
(3) 그는 어느 나라 사람이에요?
(4) 당신은 어느 나라 사람이에요?
(5) 당신들은 어느 나라 사람이에요?
(6) 당신들의 선생님은 어느 나라 사람이에요?
(7) 우리는 미국 사람이에요.
(8) 우리 선생님은 중국 사람이에요.
(9) 그들은 영국 사람이에요.
(10) 그들의 선생님은 중국 사람이에요.

듣기 훈련 1

> **녹음대본**
>
> 男　早上好! 안녕![아침 인사]
>
> 女　你好! 안녕!
>
> 老师　你们好! 여러분, 안녕하세요!
>
> 男、女　您好! 선생님, 안녕하세요!

2.

(1) 안녕! (2) 여러분 안녕하세요!

(3) 안녕하세요! (4) 안녕! / 안녕하세요![아침 인사]

듣기 훈련 2

> **녹음대본**
>
> 女　你是哪国人? 당신은 어느 나라 사람이에요?
>
> 男　我是英国人。 저는 영국 사람입니다.
>
> 女　他们是哪国人? 그들은 어느 나라 사람이에요?
>
> 男　他们是美国人。 그들은 미국 사람입니다.
>
> 女　你们老师是哪国人? 당신들의 선생님은 어느 나라 사람이에요?
>
> 男　我们老师是中国人。 우리 선생님은 중국 사람이에요.

2.

(1) 당신은 어느 나라 사람이에요? (2) 그는 어느 나라 사람이에요?

(3) 그들은 어느 나라 사람이에요? (4) 선생님은 어느 나라 사람이에요?

(5) 당신들은 어느 나라 사람이에요? (6) 당신들의 선생님은 어느 나라 사람이에요?

03

발음 연습의 한어병음의 한자와 우리말 뜻은 중급자들도 어려운 게 많습니다. 하나하나 다 외울 필요는 없으니 부담 갖지 말고 참고만 하세요.

2.

(1) 鸭 오리　　牙 이, 상아　　哑 말을 하지 못하다　　轧 (롤러로) 밀다, 다지다, 깔아뭉개다

(2) 噎 목이 메다, 숨이 막히다　　爷 할아버지, 아버지　　也 ~도 또한, ~조차도　　叶 잎

(3) 腰 허리　　摇 좌우로 흔들다　　咬 깨물다, 개가 짖다　　要 소유하다, 필요하다, ~할 것이다

(4) 优 우수하다, 뛰어나다　　由 이유, 경과하다, ~로부터　　有 있다　　又 또, 더욱

(5) 烟 연기, 담배　　沿 ~을 따라　　眼 눈　　咽 삼키다, 목구멍으로 넘기다

(6) 央 중앙, 중심　　羊 양　　养 기르다, 요양하다　　样 모양, 견본, 종류

(7) 庸 평범하다, 하찮다　　喁 [물고기가 뻐끔거리는 모양]　　涌 물이 솟아나다, 내뿜다　　用 사용하다, 비용, ~가 필요하다

(8) 约 약속하다, 초대하다, 절약하다, 약속　　哕 웩, 구토하다　　月 달, 월

(9) 冤 억울함을 당하다　　元 처음, 으뜸, 시작의, 위안[중국의 화폐 단위]　　远 멀다, 오래다, (차이가) 크다　　院 뜰, 안마당, 병원

(10) 晕 어지럽다, 기절하다　　云 구름, 말하다　　允 허가하다, 승낙하다　　运 운행하다, 운반하다, 운세

3.

(1) 夹 끼우다, 집게 — 甲 껍데기, 갑옷, 제일이다　　选 선택하다, 선거하다 — 眩 햇빛
　　寻 찾다 — 训 훈계, 훈계하다, 훈련하다　　欢 좋아하다, 즐겁다 — 换 바꾸다, 교체하다
　　qiě 且 잠시, 다시금, 게다가 — qié 茄 가지

(2) 决 결정하다, 결코 — 噘 ['입을 삐죽 내밀다(噘嘴)'의 일부]　　想 생각하다, ~하고 싶다 — 向 ~을 향하여, 방향, 향하다
　　浅 얕다, 좁다, 쉽다 — 千 1000, 천, 매우 많다　　和 ~와, 평화롭다, 조화롭다, 화해하다 — 喝 마시다
　　xuě 雪 눈, 눈처럼 흰 것 — xué 学 배우다, 학습하다

4.

(1) 鸡 닭
(2) 七 7, 일곱
(3) 西 서쪽, 서양, 서양의
(4) 家 집, 가정
(5) 下 아래, 하급의, 다음, 내려가다
(6) 钱 돈, 금전, 값

及 도달하다, 제 시간에 대다, ~와
起 일어나다, 일어서다, 발생하다
习 배우다, 연습하다, 습관
甲 껍데기, 갑옷, 제일이다
小 작다, 적다, 어리다, 좁다
选 선택하다, 선거하다

记 기억하다, 기록하다, 기호
气 공기, 호흡, 냄새, 화내다
洗 씻다, 빨다, 사진을 현상하다
讲 말하다, 논하다, 중시하다
修 꾸미다, 수리하다, 건설하다
叫 (이름을) ~라고 부르다, 외치다

5.

(1) 也 ~도 또한, ~조차도 — 哑 말을 하지 못하다
由 이유, 경과하다, ~로부터 — 云 구름, 말하다
nán 难 어렵다, 힘들다, 곤란하게 하다 — liàn 练 연습하다, 훈련하다

(2) 鸭 오리 — 腰 허리
咽 삼키다, 목구멍으로 넘기다 — 院 뜰, 안마당, 병원
quán 全 완전하다, 전체의, 전부 — nián 年 년, 해, 나이, 시대, 새해

烟 연기, 담배 — 央 중앙, 중심
叶 잎 — 月 달, 월

摇 좌우로 흔들다 — 由 이유, 경과하다, ~로부터
仰 머리를 쳐들다, 우러러보다 — 泳 수영하다, 헤엄치다

6.

(1) 价 값, 가격, 가치 — 瞎 눈이 멀다, 되는대로, 마구
(3) 节 기념일, 절약하다, 마디 — 谢 사직하다, 사양하다, 감사하다
(5) 交 제출하다, 사귀다 — 号 번호, 사이즈, 이름
(7) 修 꾸미다, 수리하다, 건설하다 — 九 9, 아홉
(9) 前 앞 — 见 보다, 만나다, 알다, 의견
(11) 倦 피곤하다, 싫증나다 — 均 균등하게 하다, 균일하다, 모두

(2) 卡 끼다, 클립 — 下 아래, 하급의, 다음, 내려가다
(4) 鞋 신발 — 且 잠시, 다시금, 게다가
(6) 巧 교묘하다, 공교롭다, 기교 — 笑 웃다, 비웃다, 웃기는
(8) 减 빼다, 덜다, 줄다 — 现 현재, 나타나다, 현금
(10) 墙 벽, 담, 울타리 — 想 생각하다, ~하고 싶다
(12) 缺 부족하다, 결석하다 — 倔 퉁명스럽다, 무뚝뚝하다

7.

(1) 冰箱 냉장고
饭店 호텔, 식당
(2) 关心 관심을 갖다
见面 만나다

电视 텔레비전
gǎnmào 感冒 감기, 감기에 걸리다
欢迎 환영하다, 기꺼이 맞이하다
míngcí 名词 명사

抢先 앞을 다투다

回家 집으로 돌아가다, 귀가하다

(3) 昨天 어제 　　　　　愿意 ~하기를 바라다, 원하다, 희망하다 　　　洋葱 양파

　　　邮件 우편물 　　　　　jìhuà 计划 계획, 계획하다

(4) 觉得 ~라고 느끼다, 생각하다 　　客气 예의가 바르다, 겸손하다, 사양하다 　　前边 앞, 앞쪽

　　　下去 내려가다, 멀어지다, 계속하다 　xiǎoqi 小气 인색하다, 쩨쩨하다

8.

(1) 恰 적당하다, 마침, 꼭 / 霞 노을　　　　(2) 歇 쉬다, 멈추다 / 血 피, 혈연의

(3) 江 강 / 尖 뾰족하다, 날카롭다, 예민하다　(4) 闲 한가하다, 틈, 여가 / 秀 아름답다, 빼어나다, 쇼[show]

(5) 显 분명하다, 드러내다 / 选 선택하다, 선거하다　(6) 敲 두드리다, 치다 / 消 사라지다, 녹다, 제거하다

(7) 瘸 절름거리다, 다리를 절다 / 茄 가지　　(8) 千 1000, 천, 매우, 많다 / 枪 창, 총

9.

(1) jiē 接 잇다, 접근하다, 접촉하다　　　　(2) jiǎn 减 빼다, 덜다, 줄다

(3) quǎn 犬 개　　　　　　　　　　　　　(4) qiāng 呛 사레가 들리다, 사레가 들려 내뿜다

(5) juān 娟 아름답다, 예쁘다　　　　　　　(6) jiáo 嚼 씹다

(7) xiè 谢 사직하다, 사양하다, 감사하다　　(8) xiáo 淆 뒤섞이다, 어지럽다, 뒤엉키다

(9) qiáoliáng 桥梁 다리, 교량, 매개　　　　(10) jiǎohuá 狡猾 교활하다, 간교하다

(11) zuótiān 昨天 어제　　　　　　　　　　(12) jiějué 解决 해결하다, 없애다

(13) qíguài 奇怪 괴상하다, 의아하다, 이상하다　(14) diū miànzi 丢面子 체면이 깎이다, 창피를 당하다

10.

(1) 빵　　(2) 우유　　(3) 계란, 달걀　　(4) 신발　　(5) 티셔츠　　(6) 스웨터

11.

(1) 책을 펴세요.　　　(2) 녹음을 들으세요.　　(3) 잘 들었어요?

(4) 질문 있나요?　　　(5) 다시 한 번 읽으세요.

듣기 워밍업

2.

(1) 성이 뭐예요?
(2) 당신은 성이 뭐예요?
(3) 실례지만 성이 어떻게 되세요?
(4) 실례지만 성함이 어떻게 되세요?
(5) 제 성은 '야마다'입니다.
(6) 당신 이름이 뭐예요?
(7) 당신은 이름이 뭐예요?
(8) 실례지만 성함이 어떻게 되세요?
(9) 저는 '야마다 유'라고 합니다.
(10) 제 성은 '리'입니다. '메리 리'라고 부릅니다.

듣기 훈련

▶ 듣기 훈련 1

녹음대본

李美丽	你姓什么? 당신은 성이 뭐예요?
山田佑	我姓山田。 제 성은 '야마다'예요.
李美丽	你叫什么名字? 당신은 이름이 뭐예요?
山田佑	我叫山田佑。 저는 '야마다 유'라고 합니다.
李美丽	你是哪国人? 당신은 어느 나라 사람이에요?
山田佑	我是日本人。你呢? 저는 일본 사람이에요. 당신은요?
李美丽	我是美国人。我姓李，叫李美丽。 저는 미국 사람이에요. 성은 '리'입니다. '메리 리'라고 부릅니다.

2.

(1) 당신은 성이 뭐예요?
(2) 당신은 이름이 뭐예요?
(3) 당신은 어느 나라 사람이에요? 이름은 뭔가요?

듣기 훈련 2

녹음대본

山田佑	老师，请问，您贵姓？	선생님. 말씀 좀 여쭙겠습니다. 성함이 어떻게 되세요?
张老师	我姓张。	제 성은 '장'입니다.
山田佑	张老师，您好！我姓山田，我叫山田佑。	장 선생님, 안녕하세요! 저는 성이 '야마다'입니다. '야마다 유'라고 부릅니다.
张老师	你是日本人？	당신은 일본 사람이에요?
山田佑	是。	예.
张老师	(对另一同学) 你呢？	(다른 학생에게) 당신은요?
李美丽	我叫李美丽，我是美国人。	저는 '메리 리'예요. 저는 미국 사람이에요.

2.

(1) 당신은 어느 나라 사람이에요?   (2) 당신은 성이 뭐예요? 이름은 뭔가요?

(3) 그 사람은요?

04

발음 연습의 한어병음의 한자와 우리말 뜻은 중급자들도 어려운 게 많습니다. 하나하나 다 외울 필요는 없으니 부담 갖지 말고 참고만 하세요.

1.

(1) 医生 의사   餐厅 식당   安排 안내하다, 처리하다   中国 중국

(2) 商品 상품   喝水 물을 마시다   吃饭 밥을 먹다   方便 편리하다, 편의

(3) 决心 결심, 결심하다　　年轻 젊다, 어리다　　学习 학습하다, 공부하다　　提前 (시간이나 기한을) 앞당기다

(4) 食品 식품　　凉爽 서늘하다, 시원하고 상쾌하다　　邮件 우편물　　习惯 습관, 익숙해지다

(5) 北京 베이징　　火车 기차　　奶油 버터, 크림　　整齐 단정하다, 가지런하다

(6) 了解 이해하다　　雨伞 우산　　写字 글씨를 쓰다　　努力 노력하다, 힘쓰다

(7) 万一 만일, 만약　　绿灯 파란 신호등　　电池 건전지　　去年 작년, 지난 해

(8) 字典 자전　　上网 인터넷을 하다　　汉字 한자　　电话 전화

2.

(1) 矮胖 키가 작고 뚱뚱하다 ― 爱岗 직장을 사랑하다

报到 도착을 보고하다, 등록을 하다 ― 报告 보고, 리포트, 보고하다

讲价 값을 흥정하다 ― 放假 방학하다, (학교나 직장을) 쉬다

bāohán 包含 포함하다 ― pàofàn 泡饭 물에 만 밥

(2) 北方 북쪽, 북방 ― 本行 본 상점, 본업　　可以 ~할 수 있다, ~해도 좋다 ― 可气 화나다, 속상하다

手续 수속, 절차, 코스 ― 汉语 중국어　　dàpī 大批 대량의 ― dǎpīn 打拼 최선을 다하다, 필사적으로 싸우다

3.

(1) 不吃 먹지 않다　　　　　　　　　　　　不哭 울지 않다

不听 듣지 않다　　　　　　　　　　　　不来 오지 않다

(2) 不还 돌려주지 않다, 갚지 않다　　　　　不难 어렵지 않다

不想 ~하고 싶지 않다　　　　　　　　　不走 가지 않다

(3) 不好 좋지 않다, ~하기 어렵다　　　　　不错 맞다, 좋다, 괜찮다

不会 ~할 수 없다, ~할 리가 없다　　　　不用 사용하지 않다, ~할 필요가 없다

(4) 你们 너희들, 당신들　　　　　　　　　　力气 힘, 체력

口袋 주머니, 자루　　　　　　　　　　　蚊子 모기

(5) 日子 날짜, 기간, 시간, 생활　　　　　　回去 돌아가다

客气 예의가 바르다, 겸손하다, 사양하다　觉得 ~라고 느끼다, 생각하다

(6) 闹肚子 배탈이 나다, 설사를 하다　　　　有意思 재미있다, 의미 있다

看笑话 웃음거리로 삼다　　　　　　　　够交情 교분이 두텁다, 친구답다

4.

(1) 熏 (연기로) 그을리다, 물들다 / 俊 준수하다, 뛰어나다

(2) 女 여자 / 屡 여러 번, 누차

(3) 师 선생, 스승 / 鸡 닭

(4) 七 7, 일곱 / 西 서쪽, 서양, 서양의

(5) 村 마을, 촌락, 촌스럽다 / 催 독촉하다, 다그치다

(6) 左 왼쪽 / 做 만들다, 하다

(7) 坠 떨어지다, 매달리다, 매달린 물건 / 准 허락하다, 정확하다, 표준

(8) 专 전문적이다, 오로지 / 装 싣다, 화장하다, ~인 체하다, 설치하다, 복장

(9) 平日 평일, 평소 / 平时 보통, 평상시

(10) 如意 뜻대로 되다, 마음에 들다 / 如愿 원하는 대로 되다

(11) 生命 생명, 생동감 있다 / 声明 성명서, 공개적으로 선언하다

(12) 网络 네트워크, 회로망 / 网罗 그물, 망라하다

(13) 误会 오해, 오해하다 / 舞会 무도회

(14) 值得 ~할 만한 가치가 있다 / 只得 할 수 없이, 부득이

(15) 路费 여비, 노자 / 旅费 여행 경비, 노자

(16) 力求 힘써 추구하다 / 立秋 입추

5.

(1) cǎoméi 草莓 딸기

(2) bōluó 菠萝 파인애플

(3) pútao 葡萄 포도

(4) T xùshān T恤衫 티셔츠

(5) wàzi 袜子 양말

(6) kùzi 裤子 바지

(7) bǎibān 百般 갖가지의, 백방으로, 매우

(8) bàomíng 报名 신청하다, 등록하다

(9) dānyī 单一 단일하다

(10) fùmǔ 父母 부모

(11) gǔdài 古代 고대, 옛날

(12) lìjù 例句 예문

(13) zhēn'ài 珍爱 아끼고 사랑하다, 애지중지하다

(14) zǎofàn 早饭 아침밥, 아침 식사

(15) shùzì 数字 숫자

(16) rèmén 热门 인기 있는 것, 유행하는 것

(17) nánshòu 难受 불편하다, 괴롭다, 슬프다, 아프다

(18) yīfu 衣服 옷, 의복

6.

(1) 바나나　　(2) 수박　　(3) 망고　　(4) 치마　　(5) 반바지　　(6) 모자

듣기 워밍업

2.

(1) 이것은 무엇입니까?　(2) 그것은 무엇입니까?　(3) 이것은 사전이에요?　(4) 이것은 중국어 책이에요?
(5) 그것은 중국어 사전이에요?　(6) 그것도 사전이에요?　(7) 그는 누구입니까?　(8) 중국어 책
(9) 중국어 사전　(10) 이것은 책입니다.　(11) 그것은 빵입니다.　(12) 이것도 책입니다.
(13) 그것은 빵이 아닙니다.　(14) 이것은 책이고, 그것도 책이에요.　(15) 이것은 차가 아니에요. 이것은 커피예요.
(16) 이것은 사과예요.　(17) 그것은 자동차예요.　(18) 그녀는 장 선생님입니다.

3.

(1) **B**
　A 그것은 무엇인가요?
　B 이것은 무엇인가요?

(2) **A**
　A 이것은 사전이에요.
　B 이것도 사전이에요.

(3) **A**
　A 그것은 중국어 사전이에요?
　B 그것은 중국어 사전이에요.

(4) **B**
　A 그쪽은 누구예요?
　B 그는 누구예요?

(5) **B**
　A 그것은 자동차예요.
　B 그것은 빵이에요.

(6) **B**
　A 이것은 차예요. 커피가 아니에요.
　B 이것은 차가 아니에요. 이것은 커피예요.

듣기 훈련

▶ 듣기 훈련 1

녹음대본

女　这是什么? 이것은 무엇이에요?

男　这是书。 이것은 책이에요.

女　那也是书吗? 저것도 책이에요?

男　那不是书，那是面包。 저것은 책이 아니에요. 저것은 빵이에요.

2.

(1) **B**

这是什么? 이것은 무엇이에요?

(2) **A**

那是什么? 저것은 무엇이에요?

3.

(1) 이것은 무엇이에요?

(2) 이것은 책이에요.

(3) 저것도 책이에요?

(4) 저것은 책이 아니에요. 저것은 빵이에요.

▶ 듣기 훈련 2

녹음대본

女　这是苹果吗? 이것은 사과예요?

男　这是苹果。 이것은 사과예요.

女　那是咖啡吗? 저것은 커피예요?

男　那不是咖啡，那是茶。 저것은 커피가 아니에요. 저것은 차예요.

女　这是书吗? 이것은 책이에요?

男　这是书。 이것은 책이에요.

女　这是什么书? 이것은 무슨 책이에요?

男　这是汉语书。 이것은 중국어 책이에요.

2.

(1) **B**

这是什么? 이것은 무엇입니까?

(2) **B**

那是什么? 저것은 무엇입니까?

(3) **A**

这是什么书? 이것은 무슨 책이에요?
A 중국어 책　　B 영어 책

3.

(1) **是**

A 저것은 커피예요?
B 저것은 커피가 아니에요. 저것은 차예요.

(2) **什么**

A 저것은 무슨 책이에요?
B 저것은 중국어 책이에요.

듣기 훈련 3

녹음대본

女	这是茶吗？	이것은 차예요?
男	这不是茶，这是咖啡。	이것은 차가 아니에요. 이것은 커피예요.
女	那是什么？	그것은 무엇이에요?
男	那是汽车。	그것은 자동차예요.
女	这是书吗？	이것은 책이에요?
男	这是书。	이것은 책이에요.
女	这是什么书？	이것은 무슨 책이에요?
男	这是词典。	이것은 사전이에요.
女	这是什么词典？	이것은 무슨 사전이에요?
男	这是汉语词典。	이것은 중국어 사전이에요.
女	他是谁？	저 사람은 누구예요?
男	他是我的同学。	그는 나의 같은 반 친구예요.
女	他是美国人吗？	그는 미국 사람이에요?
男	他不是美国人，他是英国人。	그는 미국 사람이 아니에요. 그는 영국 사람이에요.
女	你呢？	당신은요?
男	我也是英国人。	저도 영국 사람이에요.

2.

(1) **B**
这是什么？ 이것은 무엇이에요?

(2) **B**
那是什么？ 그것은 무엇이에요?

(3) **A**
这是什么书？ 이것은 무슨 책이에요?

(4) **B**
他是谁？ 그는 어느 나라 사람이에요?
A 나의 선생님　　B 나의 반 친구

(5) **A**
他是哪国人？ 그는 어느 나라 사람이에요?
A 영국 사람　　B 미국 사람

3.

(1) 이것은 차예요?
(2) 그것은 중국어 사전이에요?
(3) 그는 누구예요?
(4) 그는 미국 사람이에요?
(5) 당신은요?

▶ 마무리 정리

1.

(1) 당신은 어느 나라 사람인가요?
(2) 그는 어느 나라 사람인가요?
(3) 당신의 선생님은 어느 나라 사람인가요?
(4) 당신의 같은 반 친구는 어느 나라 사람인가요?
(5) 당신의 성은 무엇인가요?
(6) 당신의 이름은 무엇인가요?

05

발음 연습

발음 연습의 한어병음의 한자와 우리말 뜻은 중급자들도 어려운 게 많습니다. 하나하나 다 외울 필요는 없으니 부담 갖지 말고 참고만 하세요.

1.

(1) 文学 문학　　入网 그물에 걸리다, 통신사에 가입하다　　内容 내용　　举行 거행하다, 개최하다
(2) 关门 문을 닫다, 폐업하다　　汉字 한자　　偶然 우연하다, 우연히　　恶劣 아주 나쁘다, 열악하다
(3) 欧元 유로화　　五环 오륜 마크[청색·황색·흑색·녹색·적색의 5대주를 상징하는 5개의 고리]
　　奔走 급히 달리다, 이리 저리 바쁘게 뛰어다니다　　朋友 친구
(4) 上午 오전　　下午 오후　　香港 홍콩　　上网 인터넷을 하다
(5) 很多 매우 많은, 많은　　很烦 정말 답답하다, 너무 괴롭다　　合资 합자하다, 공동출자하다　　复习 복습하다
(6) 张嘴 입을 벌리다, 입을 열다　　最初 최초, 맨 처음　　安全 안전하다　　昂贵 비싸다

2.

(1) 拔河 줄다리기, 줄다리기를 하다 — 爬山 등산, 등산하다

女儿 딸 ― 牛奶 우유

节食 음식을 줄이다, 다이어트하다 ― 结实 단단하다, 튼튼하다

nǔlì 努力 노력하다, 힘쓰다 ― hùlǐ 护理 돌보다, 간호하다, 보살피다

(2) 冰鞋 스케이트 ― 拼写 한어병음자모를 사용하여 맞춤법에 따라 표기하다

花粉 꽃가루 ― 我们 우리

优点 장점 ― 休闲 한가하게 지내다

huàn qián 换钱 환전하다 ― fàn qián 饭前 식전, 밥 먹기 전

3.

(1) 一天 하루 　　一张 한 장, 한 개 　　一分钟 1분 　　一人 한 사람

(2) 一条 한 줄기, 한 마리 　　一门课 한 과목 　　一本 한 권 　　一把 한 줌, 한 웅큼, 한 자루

(3) 一小时 한 시간 　　一位 한 사람, 한 분 　　一件 한 건, 한 점, 한 벌, 한 개 　　一会儿 잠시, 잠깐, 곧

(4) 儿子 아들 　　耳朵 귀 　　这儿 이곳, 여기 　　那儿 그곳, 거기, 저곳, 저기

(5) 哪儿 어디, 어느 곳 　　玩儿 놀다, 장난하다

4.

(1) 高度 고도, 높이 / 故意 고의, 일부러 　　(2) 和好 화해하다, 화목하다 / 好看 보기 좋다, 재미있다

(3) 买单 계산하다, 지불하다, 계산서 / 命令 명령, 명령하다 　　(4) 饭碗 밥그릇, 직업, 밥벌이 / 发生 발생하다, 생기다

(5) 那里 그곳, 거기, 저기 / 哪里 어디, 어느 곳 　　(6) 难怪 어쩐지, 과연, 당연하다 / 难过 고생스럽다, 괴롭다, 슬프다

(7) 得意 만족스럽다, 의기양양하다 / 得以 ~할 수 있다 　　(8) 把脉 진맥하다, 상황을 분석하다 / 白白 새하얗다

5.

(1) bāfāng 八方 팔방[동·서·남·북·동남·동북·서남·서북] 　　(2) piányi 便宜 값이 싸다

(3) dàrén 大人 성인, 어른 　　(4) tèbié 特别 특별하다, 특이하다, 특히

(5) gǔdài 古代 고대, 옛날 　　(6) kǔnàn 苦难 고난, 힘겹고 비참하다

(7) fēngfù 丰富 풍부하다, 풍족하게 하다 　　(8) húshuō 胡说 헛소리 하다, 허튼소리

(9) niúnǎi 牛奶 우유 　　(10) liúliàn 留恋 차마 떠나지 못하다, 미련을 가지다

(11) zhīdao 知道 알다, 이해하다, 깨닫다 　　(12) chídào 迟到 지각하다

7.

양사 수 개[사람·사물이나 행위·동작·상태 등을 세는 단위]

(1) 파인애플 (2) 배 (3) 딸기 (4) 사과

(5) 교자, 만두 (6) 오렌지 (7) 수박 (8) 망고

(9) 계란, 달걀 (10) 만두, 찐빵 (11) 쟁반, 큰 접시 (12) 그릇, 사발, 공기

양사 本 권[서적을 세는 단위]

(1) 책 (2) 사전

양사 件 건, 벌, 개[일·사건·개체·사물 등을 세는 단위]

(1) 티셔츠 (2) 셔츠, 와이셔츠 (3) 스웨터 (4) 속옷

양사 条 장, 개[긴 형태의 동물이나 구부릴 수 있는 물건 등을 세는 단위]

(1) 오이 (2) 바지 (3) 치마 (4) 목도리, 스카프

(5) 넥타이 (6) 수건, 타월 (7) 길 (8) 강, 하천

듣기 워밍업

2.

(1) 책 한 권 (2) 사전 한 권 (3) 중국어 사전 한 권

(4) 중국어 책 한 권 (5) 나는 중국어 책 한 권이 있어요. (6) 우리 반

(7) 우리 반 친구 (8) 몇 명 (9) 몇 명의 같은 반 친구

(10) 몇 명의 친한 친구 (11) 당신은 친한 친구가 몇 명 있어요? (12) 몇 명의 남자 동급생

(13) 몇 명의 유학생 (14) 당신네 반에는 유학생이 몇 명 있어요? (15) 몇 분의 선생님

(16) 모두 ~이다 (17) 우리는 모두 유학생이에요. (18) 너희 선생님은 모두 중국 사람이시니?

3.

(1) **A**
  A 사전 한 권
  B 사전 몇 권

(2) **B**
  A 이것은 중국어 책이다
  B 중국어 책 한 권

(3) **B**
  A 우리 반 여자 선생님
  B 우리 반 남자 동급생

(4) A
  A 우리는 모두 유학생이에요.
  B 우리는 유학생이에요.

(5) B
  A 선생님도 중국 사람이에요.
  B 선생님은 모두 중국 사람이에요.

(6) B
  A 우리 반은 12명의 유학생이 있어요.
  B 당신네 반은 유학생이 얼마나 있나요?

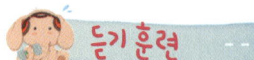

▶ 듣기 훈련 1

녹음대본

女 你有词典吗? 당신은 사전이 있어요?
男 有。있어요.
女 你有几本词典? 당신은 사전이 몇 권 있어요?
男 两本。두 권 있어요.
女 两本什么词典? 두 권은 무슨 사전이에요?
男 都是汉语词典。모두 중국어 사전이에요.

2.

(1) A
  男同学有什么? 남자 동급생은 무엇이 있나요?

3.

(1) 几 / 两
  A 당신은 사전이 몇 권 있어요?
  B 두 권 있어요.

(2) 本 / 都
  A 두 권은 무슨 사전이에요?
  B 모두 중국어 사전이에요.

듣기 훈련 2

녹음대본

女　你有书吗？당신은 책이 있나요?

男　有。있어요.

女　你有多少本书？당신은 몇 권의 책이 있나요?

男　15本。열 다섯 권이요.

女　都是什么书？모두 무슨 책이에요?

男　都是汉语书。모두 중국어 책이에요.

女　你有几个好朋友？당신은 친한 친구가 몇 명 있나요?

男　我有三个好朋友。저는 친한 친구가 세 명 있어요.

女　都是中国人吗？모두 중국 사람인가요?

男　一个是中国人，一个是德国人，一个是越南人。
　　한 명은 중국 사람, 한 명은 독일 사람, 한 명은 베트남 사람이에요.

2.

(1) **B**

男同学有多少本书？남자 학우는 몇 권의 책이 있나요?
　A 45권　　　　　　　　B 15권

(2) **A**

男同学有什么书？남자 학우는 무슨 책이 있나요?
　A 중국어 책　　　　　　B 영어 책

(3) **B**

男同学的好朋友是哪国人？남자 학우의 친한 친구는 어느 나라 사람인가요?
　A 모두 중국 사람임　　　B 모두가 중국 사람은 아님

3.

(1) **多少**
　A 당신은 <u>몇</u> 권의 책이 있나요?
　B 열 다섯 권이요.

(2) **什么**
　A 모두 <u>무슨</u> 책이에요?
　B 모두 중국어책이에요.

듣기 훈련 3

녹음대본

女 你们班有多少人？ 당신 반에는 학생이 얼마나 있어요?

男 43个。 43명 있어요.

女 多少男同学，多少女同学？ 남학생은 몇 명이고, 여학생은 몇 명이에요?

男 23个男同学，20个女同学。 남학생은 23명, 여학생은 20명이에요.

女 你们老师是哪国人？ 당신들의 선생님은 어느 나라 사람이에요?

男 我们老师都是中国人。 우리 선생님은 모두 중국 사람이에요.

女 你们班有留学生吗？ 당신들 반에는 유학생이 있어요?

男 有。 있어요.

女 有几个？ 몇 명이 있어요?

男 3个。 세 명이요.

女 他们是哪国人？ 그들은 어느 나라 사람이에요?

男 一个越南人，一个德国人和一个日本人。 베트남 사람 한 명, 독일 사람 한 명, 일본 사람 한 명이에요.

2.

(1) **B**

他们班有多少女同学？ 그들의 반에는 여학생이 얼마나 있나요?
A 23명　　　　　　　　B 20명

(2) **A**

他们老师是哪国人？ 그들의 선생님은 어느 나라 사람인가요?
A 중국 사람　　　　　B 영국 사람

(3) **A**

哪个留学生是他们同学？ 어느 유학생이 그들의 학우인가요?
A 일본 유학생　　　　B 미국 유학생

3.

(1) 그들 반에는 학생이 얼마나 있나요?
(2) 그들 반에는 남학생이 몇 명, 여학생이 몇 명 있나요?
(3) 그들의 선생님은 어느 나라 사람인가요?
(4) 그들 반에는 유학생이 있나요?
(5) 그들 반의 유학생은 어느 나라 사람인가요?

▶ 마무리 정리

1.

(1) 우리 반에는 학생이 얼마나 있나요?   (2) 우리 반에는 여학생이 몇 명 있나요? 남학생은 몇 명 있나요?
(3) 당신은 몇 권의 사전이 있나요? 모두 중국어 사전인가요?   (4) 당신은 몇 권의 책이 있나요? 모두 중국어 책인가요?

06

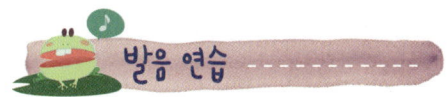

발음 연습의 한어병음의 한자와 우리말 뜻은 중급자들도 어려운 게 많습니다. 하나하나 다 외울 필요는 없으니 부담 갖지 말고 참고만 하세요.

1.

(1) 做客 손님이 되다, 방문하다   飞机 비행기   电脑 컴퓨터   病假 병가
(2) 环境 환경, 주위 상황   但是 그러나, 그렇지만   闭门羹 문전 박대   老一套 상투적 수법, 낡은 방식
(3) 奖学金 장학금   连续剧 연속극   洗衣机 세탁기   消费品 소비품, 소비재
(4) 百分比 백분비, 백분율   不过瘾 만족스럽지 않다   帮倒忙 번거롭게 하다
(5) 单身汉 독신남   更衣室 탈의실   工程师 기사, 엔지니어

2.

(1) 关照 돌보다 — 干扰 교란시키다, 방해하다   和解 화해, 화해하다 — 和谐 조화롭다, 잘 어울리다, 화목하다
  害怕 두려워하다, 무서워하다 — 贺卡 축하카드   quánlì 全力 전력, 혼신의 힘 — qiánlì 潜力 잠재력, 저력
(2) 现象 현상 — 限量 양을 제한하다, 제한량   赶紧 서둘러, 급히 — 干劲 일을 하려는 의욕, 열성, 열의
  孤独 고독하다, 외롭다 — 可恶 얄밉다, 밉살스럽다, 괘씸하다
  jiānnán 艰难 고생하다, 힘들다 — xuānchuán 宣传 선전, 선전하다

3.

(1) 地方 장소, 곳, 부분
(2) 恶心 구역질이 나다
(3) 分量 중량, 무게
(4) 商量 상의하다, 의논하다
(5) 笑话 우스운 이야기, 우스갯소리
(6) 小气 인색하다, 쩨쩨하다
(7) 发脾气 화를 내다, 성질을 부리다
(8) 好家伙 좋은 놈, 좋은 친구들
(9) 说不定 단언하기 어렵다, 아마, 짐작컨대
(10) 合得来 마음이 맞다, 잘 어울리다
(11) 来不及 미치지 못하다, 시간이 맞지 않다, 여유가 없다
(12) 丢面子 체면을 깎이다, 창피를 당하다

4.

(1) 皮具 가죽 제품 / 脾气 성격, 성질
(2) 批发 도매하다 / 疲乏 피곤하다, 지치다
(3) 英里 마일 / 农历 음력
(4) 自白 자백, 자백하다 / 自卑 열등감을 가지다
(5) 主观 주관, 주관적이다 / 阻拦 저지하다, 막다
(6) 只能 단지 ~할 수 있을 뿐이다 / 持重 진중하다, 경솔하지 않다
(7) 支持 지지하다, 견디다 / 字词 구절
(8) 眨眼 눈을 깜박거리다 / 扎眼 눈이 부시다, 눈에 거슬리다

5.

(1) jiùwèi 就位 제자리로 나아가다
(2) xiūlǐ 修理 수리하다, 고치다
(3) sīxiǎng 思想 사상, 생각, 견해
(4) shìzhǎng 市长 시장
(5) cún qián 存钱 저금하다, 예금하다
(6) zūnyán 尊严 존엄하다, 존엄, 존엄성
(7) qìtǐ 气体 기체, 가스
(8) jìyì 记忆 기억하다, 기억
(9) duìfu 对付 대처하다, 아쉬운 대로 하다
(10) tuìwǔ 退伍 제대하다, 퇴역하다
(11) quántǐ 全体 전체, 전신, 온몸
(12) juānqū 捐躯 목숨을 바치다

6.

(1) měihǎo 美好 아름답다, 행복하다
(2) péngyou 朋友 친구
(3) zhēnzhèng 真正 진정한, 참된
(4) nǎ guó 哪国 어느 나라
(5) rénmín 人民 국민
(6) tiāncái 天才 천재
(7) cíyǔ 词语 어휘, 글자
(8) rènao 热闹 변화하다, 떠들썩하다
(9) fǎnyìng 反映 반영, 반영하다
(10) mǎnyì 满意 만족하다, 만족스럽다
(11) rènzhēn 认真 진지하다, 착실하다
(12) nǔlì 努力 노력하다, 힘쓰다

7.

(1) 토마토　　(2) 여지, 리치　　(3) 키위

8.

런민비

(1) 100위안, 50위안　　(2) 20위안, 10위안　　(3) 5위안, 2위안

(4) 1위안, 5마오=0.5위안　　(5) 2마오=0.2위안, 1마오=0.1위안　　(6) 5펀=0.05위안, 2펀=0.02위안

(7) 1펀, 0.01위안, 0.15위안, 0.7위안, 2.9위안, 15위안, 19.9위안, 87위안, 121.4위안, 307.9위안, 565.2위안, 100.8위안

얼마예요?

(1) 파인애플은 한 근에 얼마예요?　　(2) 수박은 한 근에 얼마예요?　　(3) 배는 한 근에 얼마예요?

(4) 딸기는 한 근에 얼마예요?　　(5) 사과는 한 근에 얼마예요?　　(6) 바나나는 한 근에 얼마예요?

(7) 망고는 한 근에 얼마예요?　　(8) 달걀은 한 근에 얼마예요?　　(9) 만두는 한 근에 얼마예요?

(10) 접시는 하나에 얼마예요?　　(11) 티셔츠는 한 벌에 얼마예요?　　(12) 바지는 한 벌에 얼마예요?

(13) 이 파인애플은 얼마예요?　　(14) 이 수박은 얼마예요?　　(15) 이 배는 얼마예요?

(16) 이 딸기는 얼마예요?　　(17) 이 사과는 얼마예요?　　(18) 이 바나나는 얼마예요?

(19) 이 망고는 얼마예요?　　(20) 이 달걀은 얼마예요?　　(21) 이 만두는 얼마예요?

(23) 이 접시는 얼마예요?　　(23) 이 티셔츠는 얼마예요?　　(24) 이 바지는 얼마예요?

듣기 워밍업

2.

(1) 얼마예요　　(2) 한 근에 얼마예요?　　(3) 한 개에 얼마예요?　　(4) 이것은 얼마예요?

(5) 이런 것은 얼마예요?　　(6) 이런 것은 한 근에 얼마예요?　　(7) 정말 비싸네요!　　(8) 비싸지 않다

(9) 모두 비싸지 않다　　(10) 특히 비싸다　　(11) 정말 싸네요!　　(12) 특히 싸다

(13) 싸지 않다　　(14) 정말 맛있네요!　　(15) 분명히 맛있다　　(16) 특히 맛있다

3.

(1) **A**
- A 이것은 얼마예요?
- B 이런 것은 얼마예요?

(2) **B**
- A 이런 것은 한 개에 얼마예요?
- B 이런 것은 한 근에 얼마예요?

(3) **B**
- A 사과와 배 모두 비싸지 않아요.
- B 사과와 배 모두 특히 비싸요.

(4) **A**
- A 이런 사과는 비싸지 않다.
- B 이런 사과는 정말 비싸요!

(5) **B**
- A 수박이 싸지 않아요.
- B 수박이 정말 싸네요!

(6) **B**
- A 특히 맛있다
- B 분명히 맛있다

듣기 훈련

▶ 듣기 훈련 1

녹음대본

女 苹果多少钱一斤？ 사과는 한 근에 얼마예요?

男 四块五。 4.5위안이에요.

女 梨呢？ 배는요?

男 三块二。 3.2위안이에요.

女 我买四个苹果两个梨。 사과 4개와 배 2개를 살게요.

男 苹果五块二，梨两块，一共七块二。 사과는 5.2위안, 배는 2위안, 모두 7.2위안이네요.

女 这是十块。 여기 10위안이요.

男 找你两块八。 2.8위안을 거슬러 드릴게요.

2.

(1) 4.50元/斤　　(2) 3.20元/斤　　(3) 7.20元

3.

(1) 斤

사과는 한 <u>근</u>에 얼마예요?

(2) 一共

사과는 5.2위안, 배는 2위안, <u>모두</u> 7.2위안이에요.

(3) 两

<u>2</u>.8위안을 거슬러 드릴게요.

▶ 듣기 훈련 2

녹음대본

女 西瓜多少钱一斤? 수박은 한 근에 얼마예요?

男 一块八。 1.8위안이에요.

女 真贵! 都是一块八吗? 那种呢? 정말 비싸네요! 모두 1.8위안이에요? 그건요?

男 八毛。这种贵的特别好吃。 0.8위안이에요. 비싼 것이 특히 맛있어요.

女 那种便宜的呢? 거기 싼 건요?

男 那种不甜。 그런 것은 안 달아요.

女 我买这种贵的。 이 비싼 걸로 살게요.

男 这个一定好吃。十斤，十八块。 이건 분명히 맛있을 거예요. 10근, 18위안이에요.

女 这是二十。 여기 20위안이요.

男 找您两块。 2위안 거슬러 드릴게요.

2.

(1) **B**

便宜的西瓜多少钱一斤? 싼 수박은 한 근에 얼마인가요?
A 1.8위안   B 0.8위안

(2) **A**

哪种西瓜好吃? 어떤 종류의 수박이 맛있나요?
A 한 근에 1.8위안짜리 수박   B 한 근에 0.8위안짜리 수박

3.

(1) 모두 1.8위안이에요? (2) 그런 것은 안 달아요.

(3) 이건 분명히 맛있을 거예요.

듣기 훈련 3

녹음대본

李美丽 山田，这种苹果好吃吗? 야마다 씨, 이 사과는 맛있어요?
山田佑 好吃。 맛있어요.
李美丽 多少钱一斤? 한 근에 얼마예요?
山田佑 四块五。 4.5위안요.
李美丽 这个汉语叫什么? 이건 중국어로 뭐예요?
山田佑 梨。 '리(배)'라고 하죠.
李美丽 也是四块五一斤吗? 역시 한 근에 4.5위안이에요?
山田佑 不，三块二一斤。 아니요, 한 근에 3.2위안이에요.
李美丽 西瓜多少钱一斤? 수박은 한 근에 얼마예요?
山田佑 一块八。 1.8위안이에요.
李美丽 一块八? 真贵! 1.8위안이요? 정말 비싸네요!
山田佑 西瓜有两种，一种一块八，一种八毛。
       수박은 두 종류가 있어요. 한 가지는 1.8위안이고, 다른 한 가지는 0.8위안이에요.
李美丽 一块八的一定好吃。 1.8위안짜리가 분명히 맛있을 거예요.
山田佑 是特别好吃。李美丽，你这本词典多少钱?
       특히 맛있지요. 메리 리 씨, 당신의 이 사전은 얼마예요?
李美丽 五十四块。 54위안이에요.

2.

(1) **B**

这种苹果好吃吗? 이 사과는 맛있나요?
  A 안 비싸다   B 맛있다

(2) **A**

什么三块二一斤? 무엇이 한 근에 3.2위안인가요?
  A 배   B 수박

(3) **A**

谁的词典五十四块? 누구의 사전이 54위안인가요?
  A 메리 리   B 야마다

3.

(1) 这个

이것은 중국어로 뭐예요?

(2) 贵

1.8위안요? 정말 비싸네요!

(3) 两

수박은 두 종류가 있어요. 한 가지는 1.8위안이고, 다른 한 가지는 0.8위안이에요.

마무리 정리

1.

(1) 사과는 한 근에 얼마인가요?

(2) 배도 한 근에 4.5위안인가요?

(3) 수박은 한 근에 얼마인가요?

(4) 수박은 맛있나요?

(5) 메리 리의 사전은 얼마인가요? 당신의 것은요?

07

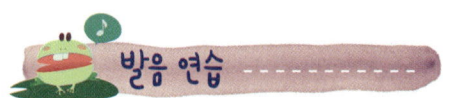

발음 연습의 한어병음의 한자와 우리말 뜻은 중급자들도 어려운 게 많습니다. 하나하나 다 외울 필요는 없으니 부담 갖지 말고 참고만 하세요.

1.

(1) 奇妙 기묘하다, 신기하다   联络 연락, 연락하다   千万 부디, 제발, 절대로   开业 개업하다

(2) 亲热 친절하다, 다정하다   狡诈 교활하다, 간사하다   面条 국수   地点 지점, 장소, 위치

(3) 科学 과학, 과학적이다　　附近 부근, 근처　　总结 총괄하다, 총결산　　区别 구별, 구분하다
(4) 互联网 인터넷　　没什么 괜찮다, 상관 없다　　体育馆 체육관　　对不起 미안합니다
(5) 服务员 종업원, 웨이터　　有好处 유익하다, 이롭다, 좋다　　高人一等 남보다 한 수 위다
(6) 知识产权 지적재산권　　数一数二 일·이등을 다투다　　掌上电脑 PDA, 개인 휴대용 단말기

2.

(1) 舞曲 무도곡, 댄스 뮤직 — 误区 잘못된 인식, 잘못된 방법　　预感 예감, 예감하다 — 语感 어감, 뉘앙스
限额 한도액, 정액 — 选择 선택, 선택하다　　xiǎojiě 小姐 아가씨, ~양 — xiǎoxué 小学 초등학교
(2) 行为 행위 — 行贿 뇌물을 주다　　一贯 한결같다, 일관되다 — 习惯 버릇, 습관, 익숙해지다
失业 직업을 잃다 — 稀缺 희소하다, 결핍되다
dānwèi 单位 직장, 회사, 단체 — kāihuì 开会 회의를 열다, 회의하다

3.

(1) 真实 진실하다 / 重视 중시하다　　(2) 致辞 연설하다, 인사말을 하다 / 自私 이기적이다
(3) 今天 오늘, 현재 / 去年 작년　　(4) 阻隔 막혀서 통하지 못하다 / 祝贺 축하하다
(5) 私营 개인이 운영하다 / 自行 스스로, 저절로　　(6) 飞机 비행기 / 晦气 불길한 기색, 불운하다
(7) 语言 언어, 말 / 义演 자선 공연을 하다　　(8) 构件 부품, 부속품 / 贡献 공헌하다, 이바지하다

4.

(1) qínfèn 勤奋 꾸준하다, 부지런하다　　(2) jīngshen 精神 활기차다, 원기, 활력
(3) zìjǐ 自己 자기, 자신, 스스로　　(4) cíyì 词义 단어의 뜻
(5) xiéshǒu 携手 서로 손을 잡다, 협력하다　　(6) jièkǒu 借口 핑계, 구실, 구실로 삼다
(7) jiǎnbiàn 简便 간편하다　　(8) xiǎngniàn 想念 그리워하다, 생각하다
(9) nǔsè 女色 여색　　(10) lǜsè 绿色 녹색, 초록색
(11) rìqī 日期 기일, 날짜, 기간　　(12) lièhén 裂痕 균열, 갈라진 틈, 불화

5.

(1) zūnjìng 尊敬 존경, 존경하다　　(2) duìfu 对付 대응하다, 대처하다, 그럭저럭 하다

(3) wǎnhuì 晚会 이브닝 파티　　　　　　　　(4) zhǔnshí 准时 정확한 시각, 정각, 제때에
(5) lǐxiǎng 理想 이상, 이상적이다　　　　　　(6) yuànyán 怨言 원망하는 말, 불평
(7) jǐngzhōng 警钟 경종　　　　　　　　　　(8) jìngzhòng 敬重 존경하다, 공경하다
(9) hézuò 合作 합작하다, 협력하다　　　　　(10) hǎorén 好人 좋은 사람, 착한 사람
(11) diànzǐ 电子 전자　　　　　　　　　　　(12) shūbào 书报 출판물, 서적과 신문·잡지

6.

양사 支 자루, 개[필기류나 가늘고 긴 막대 같은 사물을 세는 단위]

(1) 펜, 붓

양사 张 장[납작하고 평평한 물건을 세는 단위]

(1) 종이　(2) 신문, 신문지　(3) 지도　(4) 그림　(5) 카드　(6) CD　(7) 탁자, 테이블　(8) 침대

양사 块 덩어리[덩어리 모양의 물건을 세는 단위]

(1) 초콜릿　(2) 고기　(3) 과자, 쿠키　(4) 케이크

양사 双 켤레, 벌[짝을 이루는 물건을 세는 단위]

(1) 신발　(2) 양말　(3) 젓가락

2.

(1) 은행은 어디에 있나요?　　　(2) 슈퍼마켓은 어디에 있나요?　　　(3) 여기가 체육관이에요.
(4) 도서관은 저기에 있어요.　　(5) 쇼핑센터는 은행의 동쪽에 있어요.　(6) 우리 함께 가요.
(7) 유학생 건물은 먼가요?　　　(8) 유학생 건물은 멀지 않아요.　　　(9) 자, 보세요. 바로 저기예요.
(10) 유학생 건물 옆에는 슈퍼마켓이 하나 있어요.　(11) 유학생 건물 옆은 도서관이고, 체육관도 하나 있어요.　(12) 만나서 반가워요.

3.

(1) A
　　A 은행이 어디에 있어요?
　　B 은행은 저기에 있어요.

(2) A
　　A 슈퍼마켓은 어디에 있어요?
　　B 슈퍼마켓은 저쪽에 있어요.

(3) **B**
  A 도서관은 여기에 있어요.
  B 도서관은 저기에 있어요.

(4) **A**
  A 쇼핑센터는 은행 동쪽에 있어요.
  B 쇼핑센터는 은행 옆에 있어요.

(5) **B**
  A 자, 보세요. 바로 저거예요.
  B 자, 보세요. 바로 저기예요.

(6) **A**
  A 유학생 건물 옆에는 슈퍼마켓이 하나 있어요.
  B 유학생 건물 앞에는 슈퍼마켓이 하나 있어요.

▶ 듣기 훈련 1

녹음대본

王英　你是留学生吧? 당신은 유학생이죠?

山田佑　是。네.

王英　请问，留学生楼在哪儿? 실례지만 말씀 좀 묻겠습니다. 유학생 건물은 어디에 있나요?

山田佑　前边有一个体育馆，体育馆旁边就是。你找谁?
앞에 체육관이 하나 있는데, 바로 체육관 옆이에요. 당신은 누구를 찾으세요?

王英　我找李美丽。메리 리 씨를 찾아요.

山田佑　是美国留学生李美丽吗? 一个女同学? 미국 유학생 메리 리 씨요? 여학생?

王英　是。네.

山田佑　她是我们班同学，我是日本留学生山田佑，我也找她，我们一起去吧。
그녀는 우리 반 학생이에요. 저는 일본 유학생 야마다예요. 저도 그녀를 찾는데, 우리 함께 가죠.

王英　好。我叫王英，中国学生。좋아요. 저는 왕잉이고, 중국 학생이에요.

山田佑　认识你很高兴。만나서 반가워요.

王英　认识你，我也很高兴。당신을 만나게 되어 저도 무척 기뻐요.

2.

(1) **B**
留学生楼在哪儿? 유학생 건물은 어디에 있나요?
  A 체육관 앞　　　B 체육관 옆

(2) **B**
这个女学生找谁? 이 여학생은 누구를 찾나요?
  A 야마다　　　B 메리 리

3.

↓ 유학생 건물　■ 현재 위치

4.

(1) 旁边

바로 체육관 옆이에요.

(2) 找

당신은 누구를 찾으세요?

(3) 一起

저도 그녀를 찾는데, 우리 함께 가죠.

▶ 듣기 훈련 2

녹음대본

女　超市在哪儿呢? 슈퍼마켓은 어디에 있어요?

男　那儿就是。바로 저기예요.

女　哪儿呢? 어디요?

男　你看，这儿是图书馆，图书馆西边是体育馆，体育馆北边有一个银行，银行旁边是商场，商场北边就是超市。
　　자, 보세요. 여기는 도서관이에요. 도서관 서쪽은 체육관이고요. 체육관 북쪽에 은행이 하나 있는데, 은행 옆은 쇼핑센터예요. 쇼핑센터 북쪽이 바로 슈퍼마켓이에요.

2.

📺 듣기 훈련 3

녹음대본

女 请问，这儿有中国银行吗？ 실례지만 말씀 좀 묻겠습니다. 이곳에 중국은행이 있나요?

男 有。있어요.

女 远吗？ 먼가요?

男 不远。안 멀어요.

女 在什么地方？ 어디에 있어요?

男 你看，这儿是体育馆，体育馆东边是商场，商场北边就是。我也去中国银行，我和你一起去吧。
자, 보세요. 여기가 체육관이에요. 체육관 동쪽은 쇼핑센터인데, 바로 쇼핑센터 북쪽이에요. 저도 중국은행에 가는데, 제가 당신과 함께 가도록 하죠.

2.

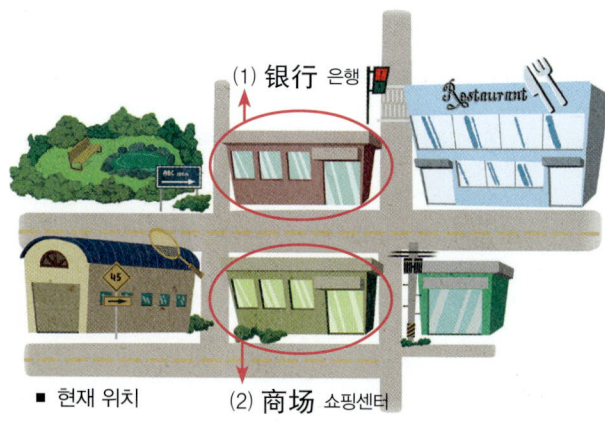

3.

(1) 은행은 먼가요?

(2) 그들은 어디에 가나요?

마무리 정리

1.

(1) 당신의 기숙사 옆에는 무엇이 있나요?

(2) 슈퍼마켓은 어디에 있나요?

(3) 은행은 어디에 있나요?

08

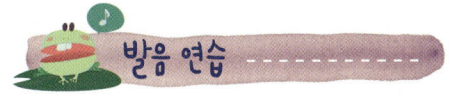

발음 연습의 한어병음의 한자와 우리말 뜻은 중급자들도 어려운 게 많습니다. 하나하나 다 외울 필요는 없으니 부담 갖지 말고 참고만 하세요.

1.

(1) 喜爱 좋아하다, 애호하다	理发 머리를 깎다, 이발하다	爱好 애호하다, 취미	大概 대개, 아마도, 대략적인
(2) 啤酒 맥주	感谢 감사하다	目前 지금, 현재	发胖 살찌다, 뚱뚱해지다
(3) 房屋 집, 주택, 가옥	好感 호감, 좋은 감정	碰巧 공교롭게, 때마침, 우연히	平均 평균의, 평균을 내다
(4) 太极拳 태극권	伤脑筋 골머리를 썩이다	大使馆 대사관	赶时髦 유행을 따르다
(5) 中国话 중국어	反倾销 반덤핑	花儿 꽃	玩儿 놀다, 장난하다
(6) 一点儿 조금	一会儿 잠시, 잠깐	有点儿 조금, 약간	女孩儿 여자아이, 소녀, 딸

2.

(1) 返还 반환하다, 되돌려주다 — 还原 환원하다, 원상 회복하다　　单词 단어 — 代词 대명사

现象 현상 — 经常 언제나, 항상, 자주　　dùjué 杜绝 제지하다, 철저히 막다

tùxiě 吐血 피를 토하다

(2) 中雨 강우량이 중급인 비[24시간 내 강우량이 10~25㎜인 비] — 中意 마음에 들다, 만족하다

洗澡 목욕하다 — 起早 아침 일찍 일어나다　　特意 특별히, 일부러 — 特地 특별히, 모처럼, 일부러

duōshì 多事 쓸데없는 일을 하다　　tècǐ 特此 특별히, 각별히, 이상

3.

(1) 谈心 마음을 터놓고 이야기하다 / 团结 단결하다, 화목하다　　(2) 有限 한계가 있다, 수량이 적다 / 悠闲 한가하다, 여유롭다

(3) 损坏 손상시키다, 훼손시키다 / 损毁 파손시키다, 부서뜨리다　　(4) 收齐 다 모으다, 전부 받다 / 搜集 수집하다, 찾아 모으다

(5) 词汇 어휘 / 自费 자비, 자기부담　　(6) 山顶 산꼭대기 / 山东 산둥성

(7) 如实 사실대로, 여실히 / 护士 간호사　　(8) 实验 실험, 실험하다 / 吸烟 담배피다, 흡연하다

4.

(1) kuàisù 快速 빠르다, 쾌속의　　(2) kuākǒu 夸口 허풍 떨다, 큰소리치다

(3) huānyíng 欢迎 환영하다, 기꺼이 맞이하다　　(4) huángsè 黄色 노란색, 퇴폐적인

(5) shēntǐ 身体 신체, 몸, 건강　　(6) quēxiàn 缺陷 결함, 결점, 부족한 점

(7) wánquán 完全 완전히, 전부, 완전하다　　(8) huā qián 花钱 돈을 쓰다, 소비하다

(9) gòuchéng 构成 구성, 구성하다　　(10) guójiā 国家 국가, 나라

(11) niēzào 捏造 날조하다　　(12) péibàn 陪伴 짝이 되다, 모시다, 동행하다

5.

(1) jiǎxiǎng 假想 가상, 허구　　(2) tiándì 田地 논밭, 경작지

(3) tèqū 特区 특별 행정구, 특구　　(4) shōurù 收入 수입, 소득, 받다, 받아들이다

(5) xióngwěi 雄伟 웅장하다, 웅대하다　　(6) yàoshi 钥匙 열쇠

(7) xiūxi 休息 휴식을 취하다, 쉬다　　(8) zìjǐ 自己 자기, 자신, 스스로

(9) shìshí 事实 사실　　(10) gǔtou 骨头 뼈

(11) xiǎoyǔ 小雨 가랑비, 적은 양의 비　　(12) zhòngdiǎn 重点 중점, 중요한, 중점적으로

6.

(1) 교자, 만두 (2) 소 없는 찐빵
(3) 쌀밥, 밥 (4) 쫑즈[찹쌀을 대나무 잎사귀나 갈대잎에 싸서 삼각형으로 묶은 후 찐 음식]

듣기 워밍업

2.

(1) 오늘은 며칠인가요? (2) 오늘은 몇 월 며칠인가요? (3) 오늘은 무슨 요일인가요?
(4) 오늘은 15일이에요. (5) 오늘은 토요일이에요. (6) 내일은 2월 5일, 수요일이에요.
(7) 이것은 선생님의 사전이에요. (8) 저는 사전을 한 권 사고 싶어요. (9) 당신은 시간이 있나요?
(10) 우리 함께 가도 괜찮을까요? (11) 미안해요. 내일 오전에 저는 시간이 없어요.

3.

(1) **B**
  A 내일은 3월 8일이에요.
  B 오늘은 3월 8일이에요.

(2) **B**
  A 오늘은 1일이에요.
  B 오늘은 며칠인가요?

(3) **B**
  A 내일은 5일, 수요일이에요.
  B 내일은 2월 5일, 수요일이에요.

(4) **A**
  A 저는 사전을 한 권 사고 싶어요.
  B 저는 자전을 한 권 사고 싶어요.

(5) **A**
  A 이것은 장 선생님의 사전이에요.
  B 이것은 리 선생님의 사전이에요.

(6) **B**
  A 미안해요. 모레 오전에 저는 시간이 없어요.
  B 미안해요. 내일 오전에 저는 시간이 없어요.

듣기 훈련

듣기 훈련 1

녹음대본

男　今天几月几号? 오늘은 몇 월 며칠인가요?

女	今天4月27号。오늘은 4월 27일이에요.
男	今天星期几？오늘은 무슨 요일인가요?
女	今天星期二。오늘은 화요일이에요.
男	明天上午有听力课吗？내일 오전에 듣기 수업이 있나요?
女	没有，有口语课。없어요. 말하기 수업이 있어요.

2.

(1) **A**

A和B哪个是4月份的月历？ A와 B 중 어느 것이 4월 달력인가요?

(2) **B**

A和B哪个是他们的课表？ A와 B 중 어느 것이 그들의 수업 시간표인가요?

3.

(1) 오늘은 몇 월 며칠인가요?   (2) 오늘은 무슨 요일인가요?   (3) 내일 오전에 듣기 수업이 있나요?

듣기 훈련 2

녹음대본

女	今天3月28号，明天29号，我妈妈来中国。 오늘은 3월 28일이고, 내일 29일에 우리 엄마가 중국에 오세요.
男	不对，今天27号，明天28号。아니에요. 오늘은 27일이고, 내일이 28일이에요.
女	是吗？哦，今天27号，星期二，我妈妈后天来。 그래요? 아, 오늘이 27일이고 화요일이군요. 우리 엄마는 모레 오세요.
男	是上午来吗？오전에 오시나요?
女	不是，是下午。아니요. 오후에요.

2.

(1) **B**

后天几号? 모레는 며칠인가요?
A 28일　　　　　　B 29일

(2) **B**

今天星期几? 오늘은 무슨 요일인가요?
A 월요일　　　　　B 화요일

(3) **B**

女同学的妈妈是上午来吗? 여학생의 어머니는 오전에 오시나요?
A 네　　　　　　　B 아니요

3.

(1) 오늘은 며칠인가요? 무슨 요일인가요?
(2) 내일은 며칠인가요? 무슨 요일인가요?
(3) 모레는 며칠인가요? 무슨 요일인가요?
(4) 여학생의 어머니는 언제 오시나요?
(5) 오전에 오시는 게 맞나요?

듣기 훈련 3

녹음대본

女　这本词典真好! 这是谁的汉语词典? 이 사전 정말 좋네요! 이것은 누구의 중국어 사전인가요?

男　这是张老师的词典。 이것은 장 선생님의 사전이에요.

女　我也想买一本。 저도 한 권 사고 싶어요.

男　超市旁边的书店就有。 슈퍼마켓 옆의 서점에 있어요.

女　明天上午下课以后你有时间吗? 和我一起去行吗?
　　내일 오전에 수업이 끝난 후 시간이 있나요? 저와 함께 갈 수 있나요?

男　对不起，明天上午我没有时间。 미안해요. 내일 오전에는 제가 시간이 없어요.

女　下午呢? 오후에는요?

男　下午行。 오후에는 괜찮아요.

2.

(1) **B**

谁想买词典? 누가 사전을 사고 싶어하나요?
   A 장 선생님   B 여학생

(2) **A**

哪儿有这种词典? 어디에 이런 사전이 있나요?
   A 서점   B 슈퍼마켓

(3) **B**

男同学明天上午有时间吗? 남학생은 내일 오전에 시간이 있나요?
   A 있다   B 없다

3.

(1) **好**

이 사전은 정말 좋네요!

(2) **的**

이것은 누구의 중국어 사전인가요?

(3) **也**

저도 한 권 사고 싶어요.

(4) **行吗**

내일 오전에 수업이 끝난 후 시간이 있나요? 저와 함께 갈 수 있나요?

(5) **对不起**

미안해요. 내일 오전에는 제가 시간이 없어요.

마무리 정리

1.

(1) 오늘은 몇 월 며칠인가요? 무슨 요일인가요?
(2) 내일은요? 모레는요?
(3) 이것은 누구의 사전인가요?
(4) 당신은 무엇을 사고 싶나요?
(5) 수업이 끝난 후, 당신은 어디에 가고 싶나요?
(6) 우리 같이 슈퍼마켓에 갈 수 있나요?
(7) 내일 당신은 시간이 있나요? 우리 함께 서점에 가도 괜찮아요?

09

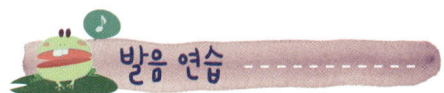

발음 연습의 한어병음의 한자와 우리말 뜻은 중급자들도 어려운 게 많습니다. 하나하나 다 외울 필요는 없으니 부담 갖지 말고 참고만 하세요.

1.

(1) 活火山 활화산　　核潜艇 핵잠수함　　出租车 택시

(2) 拍马屁 아부하다, 비위를 맞추다　　防盗门 방범용 철문　　一张床 침대 1개

(3) 醉醺醺 곤드레만드레 취한 모양　　主心骨 믿을 만한 사람이나 사물, 줏대　　助学金 (정부가 가난한 학생에게 주는) 학자금

(4) 开绿灯 금지하지 않다, 길을 내주다　　闭门羹 문전 박대　　芭蕾舞 발레

(5) 单身贵族 화려한 싱글　　高速公路 고속도로　　迫不得已 어찌해 볼 도리가 없다

(6) 入乡随俗 그 고장에 가면 그곳의 풍습을 따라야 한다, 로마에 가면 로마법을 따라야 한다

　　 五花八门 각양각색, 천태만상, 다양하다　　不三不四 하찮다, 이도 저도 아니다

(7) 美中不足 옥에 티, 훌륭한 가운데 약간 부족한 점이 있다　　丁字路口 삼거리

2.

(1) 事业 사업, 비영리적 사회 활동 — 血液 혈액　　燃烧 연소, 연소하다 — 烦躁 초조하다, 안절부절못하다

　　 假设 가정하다, 가설, 가정 — 下车 차에서 내리다

　　 zhǔdòng 主动 주동적이다, 자발적이다, 능동적이다　　dǎting 打听 물어보다, 알아보다

(2) 全天 전일, 종일 — 前天 그저께　　实习 실습하다, 수습, 인턴 — 稀奇 희귀하다, 신기하다

　　 暂时 잠시, 잠깐 — 长势 (식물이) 생장하는 기세　　shàngwǔ 上午 오전 — xiàwǔ 下午 오후

3.

(1) 相同 서로 같다, 똑같다 / 想头 생각, 희망

(2) 请示 지시를 바라다, 지시 요청서 / 轻视 경시하다, 얕보다

(3) 征服 정복하다, 극복하다 / 政府 정부

(4) 引起 주의를 끌다, 일으키다 / 有趣 재미있다, 흥미가 있다

(5) 不足 부족하다, ~할 가치가 없다 / 糊涂 어리석다, 엉망이 되다

(6) 虾仁 (껍질 벗긴) 생새우살 / 吓人 무섭다, 겁주다, 놀라게 하다

(7) 办案 사건을 처리하다 / 变换 변환하다, 바꾸다

(8) 可以 ~할 수 있다, ~해도 좋다 / 客气 예의가 바르다, 겸손하다, 사양하다

4.

(1) nènlü 嫩绿 파르스름하다
(2) lěngqì 冷气 차가운 기류, 냉각 공기
(3) zhēngqǔ 争取 쟁취하다, 따내다
(4) chéngxù 程序 순서, 단계, 프로그램
(5) cuīhuǐ 摧毁 때려 부수다, 분쇄하다
(6) zhuīwěi 追尾 추돌하다
(7) zīzhù 资助 (재물로) 돕다
(8) císù 词素 형태소
(9) zìyuàn 自愿 자원하다
(10) zhīyuán 支援 지원하다
(11) chījīng 吃惊 깜짝 놀라다
(12) cíxíng 辞行 작별 인사를 하다

5.

(1) zhíwù 植物 식물
(2) qiūtiān 秋天 가을
(3) chūyuàn 出院 퇴원하다
(4) shíjì 实际 실제, 현실적이다
(5) bìngyīn 病因 발병의 원인
(6) érgē 儿歌 동요
(7) shǒubiǎo 手表 손목시계
(8) tèbié 特别 특별하다, 특이하다, 특히
(9) xísú 习俗 풍속, 습속
(10) xiǎnxiàn 显现 나타나다, 드러나다
(11) nándé 难得 얻기 어렵다, ~하기 어렵다, 드물다
(12) zuǐliǎn 嘴脸 용모, 생김새, (부정적 의미의) 낯짝

6.

(1) 十一点三十五
(2) 两点四十
(3) 十二点一刻

(4) 五点十八   (5) 一点   (6) 三点四十五

(7) 七点半   (8) 差十分两点

7.

(1) 오렌지   (2) 모과   (3) 석류   (4) 포도주, 와인

듣기 워밍업

2.

(1) 지금 몇 시예요?
(2) 당신들은 몇 시에 수업을 해요?
(3) 당신은 매일 몇 시에 일어나요?
(4) 당신은 매일 몇 시에 교실에 가요?
(5) 당신은 자주 서점에 가나요?
(6) 당신은 자주 서점에 가서 책을 사나요?
(7) 저는 자주 인터넷을 해요.
(8) 저는 매일 저녁마다 인터넷을 해요.
(9) 오후에 제 친구가 올 거예요.
(10) 오후에 제 친구가 저를 찾아와요.

3.

(1) **A**
  A 지금 몇 시예요?
  B 지금 7시예요.

(2) **B**
  A 당신들은 몇 시에 수업이 끝나요?
  B 당신들은 몇 시에 수업을 해요?

(3) **B**

A 당신은 자주 서점에 가나요?
B 당신은 자주 서점에 가나요?

(4) **A**

A 저는 매일 저녁마다 인터넷을 해요.
B 저는 매일 오전마다 인터넷을 해요.

(5) **B**

A 오후에 제 친구가 저를 찾아올 거예요.
B 오후에 제 친구가 저를 찾아와요.

▶ 듣기 훈련 1

녹음대본

女 你每天几点起床？ 당신은 매일 몇 시에 일어나요?

男 我每天七点十分起床。 저는 매일 7시 10분에 일어나요.

女 你每天几点吃早饭？ 당신은 매일 몇 시에 아침밥을 먹어요?

男 我不是每天都吃早饭。 저는 매일 아침밥을 먹는 건 아니에요.

女 为什么？ 왜요?

男 有时候没有时间。 간혹 시간이 없어요.

女 你们每天几点上课？ 당신들은 매일 몇 시에 수업을 들어요?

男 八点。 8시예요.

女 你几点去教室？ 당신은 몇 시에 교실에 가요?

男 七点半。 7시 30분에요.

女 现在几点？ 지금은 몇 시예요?

男 差一刻十点。 9시 45분이에요.

2.

(1) **A**

男同学每天几点起床？ 남학생은 매일 몇 시에 일어나나요?

(2) **A**

男同学吃早饭吗？ 남학생은 아침밥을 먹나요?

A 시간이 있으면 먹는다   B 매일 먹지 않는다

(3) **A**

男同学几点去教室? 남학생은 몇 시에 교실에 가나요?

(4) **B**

现在几点? 지금 몇 시인가요?

3.

(1) 十分

저는 매일 아침 7시 10분에 일어나요.

(2) 不是

저는 매일 아침밥을 먹는 건 아니에요.

(3) 没

어떤 때는 시간이 없어요.

(4) 差

15분 전 10시예요.

듣기 훈련 2

녹음대본

李美丽　喂，王英，我是李美丽。 여보세요? 왕잉 씨, 저 메리 리예요.

王英　李美丽，你下午想去哪儿? 메리 리 씨, 오후에 어디 가고 싶어요?

李美丽　我要去商场买裤子，还想去书店买汉语书。
저는 쇼핑센터에 가서 바지를 사려고요. 또 서점에 가서 중국어 책도 사고 싶어요.

王英　你经常去哪个书店? 어느 서점에 자주 가나요?

李美丽　超市旁边的书店。 슈퍼마켓 옆에 있는 서점이요.

王英　我也想去书店，一起去好吗? 저도 서점에 가고 싶은데, 함께 가도 괜찮아요?

李美丽　好啊，几点? 좋아요. 몇 시요?

王英　三点半，我们下课以后? 3시 반에요. 우리 수업이 끝난 후에 어때요?

李美丽　三点半我朋友来找我。 3시 반에 친구가 저를 찾아오기로 했어요.

王英　五点行吗? 5시는 괜찮아요?

李美丽　好，就五点。 좋아요. 그럼 5시로 하죠.

2.

(1) **A**

王英下午想去哪儿? 왕잉은 오후에 어디에 가고 싶어하나요?

A 서점　　　　　　　B 슈퍼마켓

(2) B

下午三点半李美丽有时间吗? 오후 3시 반에 메리 리는 시간이 있나요?
   A 있다　　　　　　　　　　B 없다

(3) B

几点她们都有时间? 그녀들은 모두 몇 시에 시간이 있나요?
   A 3시 반　　　　　　　　　B 5시

3.

(1) 메리 리는 오후에 어디에 가고 싶어하나요?
(2) 메리 리는 무엇을 사려고 하나요?
(3) 왕잉은 누구와 함께 서점에 가고 싶어하나요?
(4) 메리 리는 어느 서점에 자주 가나요?
(5) 왕잉은 오후에 수업이 있나요?
(6) 왕잉은 몇 시에 수업이 끝나나요?
(7) 메리 리는 3시 반에 책을 사러 갈 수 있나요? 왜요?
(8) 그녀들은 몇 시에 함께 가고 싶어하나요?

▶ 듣기 훈련 3

녹음대본

林小弟每天七点二十起床，七点半吃早饭，差一刻八点去教室，八点上课。有时候没有时间，就不吃早饭。下午，他有时候去看朋友，有时候去超市，晚上要学习，还要上网。他经常想，日本、英国、美国、韩国都是九点上课，我们为什么八点上课? 现在是七点十九分，林小弟真不想起床。

린샤오디는 매일 7시 20분에 일어나서, 7시 반에 아침밥을 먹습니다. 그리고 7시 45분에 교실에 가서, 8시에 수업을 듣습니다. 어떤 때는 시간이 없어서 아침밥을 먹지 않습니다. 오후에 그는 간혹 친구를 보러 가기도 하고, 간혹 슈퍼마켓에 가기도 합니다. 저녁에는 공부를 하고, 인터넷을 하기도 합니다. 그는 항상 일본, 영국, 미국, 한국은 모두 9시에 수업을 하는데, 우리는 왜 8시 수업을 들어야 하는지 생각합니다. 지금은 7시 19분입니다. 린샤오디는 정말 일어나기가 싫습니다.

2.

(1) B

林小弟每天都吃早饭吗? 린샤오디는 매일 아침밥을 먹나요?
   A 매일 먹는다　　　　　　B 간혹 먹지 않는다

(2) B

林小弟想几点上课? 린샤오디는 몇 시에 수업을 듣고 싶어하나요?

3.

(1) **起床** 일어나다 (2) **吃早饭** 아침밥을 먹다

(3) **去教室** 교실에 가다 (4) **上课** 수업을 듣다

(5) **看朋友** 친구를 만나다, **去超市** 슈퍼마켓에 가다 (6) **学习** 공부하다, **上网** 인터넷을 하다

4.

(1) 린샤오디는 왜 간혹 아침밥을 먹지 않나요? (2) 오후에 린샤오디는 가끔 어디에 가나요?

(3) 저녁에 린샤오디는 무엇을 하고 싶어하나요?

▶ 마무리 정리

1.

(1) 린샤오디는 매일 7시 20분에 일어나서, 7시 반에 아침밥을 먹습니다. 그리고 7시 45분에 교실에 가서, 8시에 수업을 듣습니다.

(2) 가끔 린샤오디는 시간이 없어서 아침밥을 먹지 않습니다.

(3) 오후에 그는 간혹 친구를 보러 가기도 하고 간혹 슈퍼마켓에 가기도 합니다. 저녁에는 공부를 하고, 인터넷을 하기도 합니다.

(4) 그는 항상 일본, 영국, 미국, 한국은 모두 9시에 수업을 하는데, 우리는 왜 8시 수업을 들어야 하는지 생각합니다.

10

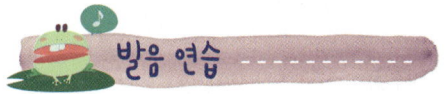

발음 연습의 한어병음의 한자와 우리말 뜻은 중급자들도 어려운 게 많습니다. 하나하나 다 외울 필요는 없으니 부담 갖지 말고 참고만 하세요.

1.

(1) **安心** 안심하다   **冰雹** 우박   **发狠** 작정하다, 화내다   **租税** 조세

(2) 时光 시절, 시간, 세월　　文明 문명, 문명화된, 교양 있다　　人海 인해, 수많은 사람　　愚昧 우매하다, 어리석고 사리에 어둡다
(3) 理亏 도리에 어긋나다　　访查 방문 조사하다　　悔改 뉘우쳐 고치다　　美味 좋은 맛, 맛있는 음식
(4) 诞生 태어나다, 탄생하다　　忘情 감정이 복받치다, 정을 잊다　　大使 대사　　遇救 구조되다
(5) 赶潮流 유행을 따르다　　沙尘暴 모래 폭풍, 황사 현상

2.

(1) 实习 실습하다 — 积极 적극적이다, 의욕적이다　　武汉 우한[지명] — 午饭 점심밥, 점심식사
　　黄色 노란색, 퇴폐적인 — 红色 붉은색, 혁명　　jìzhě 记者 기자
　　zhìdù 制度 제도, 규칙, 규정
(2) 旗子 깃발 — 席子 (바닥에 까는) 자리　　迟到 지각하다 — 迟早 조만간, 머지않아
　　木马 목마 — 密码 암호, 비밀번호
　　chǐcùn 尺寸 소량, 조금 — xièfèn 泄愤 울분을 터뜨리다, 분풀이를 하다

3.

(1) 细心 세심하다, 면밀하다 / 悉心 온 마음으로, 전심전력으로
(2) 倾泻 (대량의 물이) 빠른 속도로 쏟아져 내리다 / 倾心 마음을 다하다, 사모하다
(3) 整齐 단정하다, 깔끔하다 / 争议 논쟁하다, 다른 의견
(4) 网站 인터넷 웹사이트 / 往常 평소, 평상시
(5) 笔误 글자를 잘못 쓰다, 잘못 쓴 글자 / 伯父 백부, 큰아버지, 아저씨
(6) 肝炎 간염 / 感言 소감, 감상을 나타내는 말
(7) 发放 방출하다, 처리하다 / 发奋 분발하다
(8) 超出 넘다, 초과하다 / 照顾 돌보다, 보살피다

4.

(1) húshuǐ 湖水 호수　　(2) jīqì 机器 기계, 기기
(3) píqiú 皮球 고무공　　(4) nánnǚ 男女 남녀, 남자와 여자
(5) láirì 来日 앞날, 장래, 미래　　(6) shíjì 实际 실제, 현실적이다
(7) zǐcài 紫菜 김　　(8) cūnzi 村子 마을, 촌락
(9) qíngjǐng 情景 정경, 광경, 장면　　(10) dōngtiān 冬天 겨울
(11) chēzhàn 车站 정거장, 정류소, 역　　(12) sījī 司机 기사, 운전사

5.

(1) xiǎnxiàn 显现 나타나다, 드러나다
(2) xiànxiàng 现象 현상
(3) xiǎoxīn 小心 조심하다, 주의하다
(4) qièqǔ 窃取 (주로 추상적인 것을) 훔치다
(5) húnzhuó 浑浊 혼탁하다, 흐리다
(6) yōuyuǎn 悠远 멀고 오래다, 멀다
(7) yǎnquān 眼圈 눈가, 눈언저리
(8) hùkǒu 户口 호구, 호적
(9) yóuyù 犹豫 주저하다, 망설이다
(10) zéchéng 责成 책임지고 완성하다
(11) zàozuò 造作 만들다, 제조하다
(12) zhuǎzi 爪子 (짐승의) 발, 발톱

6.

(1) 新 새롭다, 새로운, 새것의
(2) 快 빠르다, 빨리, 급히
(3) 坐 앉다, 타다
(4) 等 기다리다, 같다, 등급
(5) 地铁 지하철
(6) 喜欢 좋아하다, 사랑하다
(7) 聊天儿 이야기하다, 잡담하다, 잡담
(8) 参观 참관하다, 견학하다, 참관, 견학
(9) 发脾气 화를 내다, 성질을 부리다
(10) 恨不得 ~하지 못해 한스럽다, 간절히 ~하고 싶다
(11) 闹意见 의견이 맞지 않다
(12) 故事片儿 극영화

7.

(1) 소가 든 찐빵
(2) 국수
(3) 옥수수
(4) 두부

듣기 워밍업

2.

(1) 매우 많다
(2) 적지 않다
(3) 나무가 매우 많고 꽃도 적지 않아요.
(4) 이 단지의 나무는 무척 예뻐요.
(5) 식당이 매우 가까워요.
(6) 차를 드세요.
(7) 우리는 차를 마시러 갑니다.
(8) 너무 멀어요!
(9) 당신은 피곤하지 않으세요?
(10) 당신은 일이 있어요?
(11) 당신은 무슨 일이 있어요?
(12) 문제를 토론하다
(13) 환경보호에 관한 문제를 토론하다
(14) 환경보호에 관한 문제를 좀 토론하다

3.

(1) **A**
A 나무가 매우 많고 꽃도 적지 않아요.
B 나무가 매우 많고 꽃도 아주 많아요.

(2) **B**
A 이곳의 나무는 무척 예뻐요.
B 이 단지의 나무는 무척 예뻐요.

(3) **A**
A 우리 가서 차를 마셔요.
B 우리 가서 차를 마시죠.

(4) **B**
A 우리는 피곤하지 않아요.
B 당신은 피곤하지 않으세요?

(5) **A**
A 당신은 무슨 일이 있어요?
B 당신은 일이 있어요?

(6) **A**
A 환경보호에 관한 문제를 토론하다
B 문제를 좀 토론하다

듣기 훈련 1

녹음대본

[王英和李美丽对话] (왕잉과 메리 리가 대화를 나눈다)

王英　　李美丽，你觉得我们小区怎么样？ 메리 리 씨, 당신이 보기에 우리 단지 어때요?

李美丽　你们小区真漂亮，有很多树，花也不少。
　　　　당신네 단지는 정말 예뻐요. 나무도 많이 있고, 꽃도 적지 않아요.

王英　　去饭馆吃饭很近，饭也非常好吃。 밥을 먹으러 식당에 가기에 매우 가깝고, 밥도 정말 맛있어요.

李美丽　你经常去饭馆吃饭吗？　당신은 자주 식당에 가서 밥을 먹나요?

王英　　我很少去饭馆吃饭，我经常去小区旁边的茶馆，看书、喝茶，觉得特别好。
　　　　저는 아주 가끔 식당에 가서 밥을 먹어요. 저는 종종 단지 옆에 있는 찻집에 가서 책도 보고 차도 마시는데, 정말 좋아요.

2.

(1) **B**
你觉得A和B哪个是王英的小区？ 당신은 A와 B 중 어느 곳이 왕잉이 사는 단지라고 생각하나요?

(2) **B**
饭馆怎么样？ 식당은 어떤가요?
　　A 밥이 매우 비싸다　　B 밥이 정말 맛있다

3.

(1) 多 / 少

당신네 단지는 정말 예뻐요. 나무도 많이 있고, 꽃도 적지 않아요.

(2) 近

밥을 먹으러 식당에 가기에 매우 가깝고, 밥도 정말 맛있어요.

(3) 少

저는 아주 가끔 식당에 가서 밥을 먹어요.

(4) 经常

저는 종종 단지 옆에 있는 찻집에 가요.

듣기 훈련 2

녹음대본

[王英和李美丽对话] (왕잉과 메리 리가 대화를 나눈다)

王英　　李美丽，下午我去张老师家。 메리 리 씨, 오후에 저는 장 선생님 댁에 가요.

李美丽　张老师家远不远？ 장 선생님 댁은 먼가요?

王英　　不太远，走40分钟。 그리 멀지 않아요. 40분쯤 걸어가면 돼요.

李美丽　太环保了！走40分钟，累不累？ 정말 환경친화적이네요! 걸어서 40분이라니, 힘들지 않아요?

王英　　不累，我们五个同学一起走，一定不觉得累。
힘들지 않아요. 우리 반 친구 다섯 명이 함께 갈 거니까 분명히 힘들다고 생각되지는 않을 거예요.

李美丽　去张老师家有什么事？ 장 선생님 댁에 무슨 일로 가는 거예요?

王英　　我们想讨论一下环保问题。 우리는 환경보호에 관한 문제를 좀 토론하려고 해요.

2.

(1) **A**

王英觉得张老师家远吗？ 왕잉은 장 선생님 댁이 멀다고 생각하나요?
A 그리 멀지 않다　　　　B 매우 멀다

(2) **B**

王英为什么觉得一定不累？ 왕잉은 왜 분명히 힘들지 않을 거라고 생각하나요?
A 장 선생님 댁이 매우 가까워서　　B 반 친구 다섯 명이 함께 가기 때문에

(3) **B**

同学们去张老师家做什么？ 반 친구들은 장 선생님 댁에 가서 무엇을 하나요?
A 수업을 한다　　　　B 문제를 토론한다

3.

(1) 왕잉은 오후에 어디에 가나요?

(2) 장 선생님 댁은 먼가요?

(3) 왕잉은 어떻게 가나요?

(4) 왕잉과 친구들은 장 선생님 댁에 무슨 일로 가는 건가요?

▶ 듣기 훈련 3

녹음대본

中国不少小区都很漂亮，有很多树，有很多花。小区旁边有超市、银行、商场，不一定有书店，也不一定有图书馆。小区旁边都有饭馆、茶馆，吃饭、喝茶都不是很贵，就是汽车太多。

중국의 적지 않은 단지들이 모두 참 예쁩니다. 나무가 무척 많고, 꽃도 매우 많습니다. 단지 옆에는 슈퍼마켓, 은행, 쇼핑센터가 있지만, 서점이 꼭 있는 것은 아니고 도서관도 반드시 있는 것은 아닙니다. 단지 옆에는 식당과 찻집이 다 있는데, 밥을 먹고 차를 마시는 것이 모두 매우 비싸지는 않지만, 자동차가 너무 많습니다.

2.

(1) **A**

小区旁边不一定有什么? 단지 옆에 무엇이 반드시 있는 것은 아닌가요?
  A 도서관   B 은행

(2) **B**

小区什么不太贵? 단지에서 무엇이 그리 비싸지 않은가요?
  A 책을 사는 것   B 밥을 먹는 것

(3) **A**

小区什么太多了? 단지에는 무엇이 너무 많은가요?
  A 자동차   B 사람

3.

(1) **少**

중국의 <u>적지</u> 않은 단지들이 모두 참 예쁩니다. 나무가 무척 많고, 꽃도 매우 많습니다.

(2) 不 / 不

    단지 옆에는 슈퍼마켓, 은행, 쇼핑센터가 있지만, 서점이 꼭 있는 것은 <u>아니고</u> 도서관도 반드시 있는 것은 <u>아닙니다</u>.

(3) 多

    단지 옆에는 식당과 찻집이 다 있는데, 밥을 먹고 차를 마시는 것이 모두 매우 비싸지는 않지만, 자동차가 너무 <u>많습니다</u>.

발음 연습의 한어병음의 한자와 우리말 뜻은 중급자들도 어려운 게 많습니다. 하나하나 다 외울 필요는 없으니 부담 갖지 말고 참고만 하세요.

1.

(1) 师 스승, 선생 / 西 서쪽, 서양, 서양의   (2) 四 4, 넷 / 是 ~이다, 맞다, 그렇다

(3) 跨 뛰어넘다, (다리를 벌리고) 걸터앉다 / 夸 과장하다, 칭찬하다   (4) 起 일어나다, 상승하다 / 句 문장, 구절, 마디

(5) 话 말, 언어, 이야기 / 发 보내다, 발송하다, 발생하다   (6) 努 힘쓰다, 노력하다 / 如 ~와 같다, 대등하다

(7) 买 사다 / 坏 나쁘다, 상하다, 고장 나다   (8) 气 공기, 호흡, 냄새, 화내다 / 记 기억하다, 기록하다, 기호

(9) 秋 가을, 해, 년 / 就 곧, 즉시, 바로, 당장   (10) 许 허락하다, 아마도 / 绿 푸르다

(11) 宽 넓다, 너그럽다 / 惯 습관이 되다, 익숙해지다   (12) 百 100, 백, 온갖 / 怕 무서워하다

2.

(1) 表扬 칭찬하다, 표창하다 / 漂亮 예쁘다, 훌륭하다   (2) 惦念 늘 생각하다, 염려하다 / 天然 자연의, 천연 그대로의

(3) 希望 희망, 희망하다, 바라다 / 虚胖 비만하다   (4) 午睡 낮잠, 낮잠을 자다 / 污水 구정물, 하수

(5) 进兵 진군하다, 출병하다 / 煎饼 전병   (6) 源泉 원천, 근원 / 眼看 그저 보고만 있다, 곧, 즉시

(7) 原因 원인 / 眼睛 눈   (8) 污染 오염시키다, 나쁜 영향을 미치다 / 侮辱 모욕하다

3.

(1) zìsī 自私 이기적이다
(2) cǐshí 此时 이때, 지금
(3) qiántú 前途 전도, 앞길, 전망
(4) jiǎrú 假如 가령, 만약, 만일
(5) zhīdao 知道 알다, 이해하다, 깨닫다
(6) chídào 迟到 지각하다
(7) zánmen 咱们 우리[자기 '我·我们'과 상대방 '你·你们'을 모두 포함]
(8) kāishǐ 开始 시작되다, 시작하다, 처음
(9) huānyíng 欢迎 환영하다, 기꺼이 맞이하다
(10) hǎoshì 好事 좋은 일, 경사
(11) dàduōshù 大多数 대다수, 대부분의
(12) zěnmeyàng 怎么样 어떻다, 어떠하다

4.

(1) suǒyǐ 所以 그래서, 그러므로, 그런 까닭에
(2) kèrén 客人 손님
(3) láihuí 来回 왕복, 왕복하다
(4) kǎoshì 考试 시험, 시험을 치다
(5) zhīdao 知道 알다, 이해하다, 깨닫다
(6) chēliàng 车辆 차량
(7) gōngzuò 工作 일, 작업, 직업, 일하다
(8) chànggē 唱歌 노래를 부르다
(9) gōngsī 公司 회사, 직장
(10) duìfāng 对方 상대방, 상대편
(11) shēngcí 生词 새 낱말, 새 단어
(12) kěxíngxìng 可行性 실행 가능성

5.

(1) 最 가장, 제일, 최고
(2) 做 만들다, 하다
(3) 上学 등교하다, 입학하다
(4) 回答 대답하다, 응답하다, 대답
(5) 准备 준비하다, ~하려고 하다
(6) 爱好 ~하기를 즐기다, 취미
(7) 医生 의사
(8) 明年 내년
(9) 需要 필요하다, 요구
(10) 感兴趣 관심이 있다, 흥미를 느끼다
(11) 发脾气 화를 내다, 성질을 부리다
(12) 恨不得 ~하지 못해 한스럽다, 간절히 ~하고 싶다

6.

(1) 쟁반
(2) 사발, 공기, 그릇
(3) 수저, 국자
(4) 포크

듣기 워밍업

2.

(1) 휴대전화 번호
(2) 새 휴대전화 번호
(3) 나의 새 휴대전화 번호
(4) 집에서부터 정류장까지
(5) 정류장에서부터 지하철역까지
(6) 서점에서부터 슈퍼마켓까지
(7) 집에서부터 지하철역까지 걸어서 10분이다
(8) 지하철을 타고 가면 빠르다
(9) 차를 타고 가는 건 빠르지 않아요. 지하철을 타고 가는 게 빨라요.
(10) 당신을 기다릴게요.
(11) 나는 정류장에서 당신을 기다릴게요.
(12) 나는 오후에 도서관에서 당신을 기다릴게요.
(13) 나는 내일 낮 11시에 식당에서 당신을 기다릴게요.
(14) 다시 한 번 말해 주세요.
(15) 저는 쇼핑하는 것을 좋아해요.
(16) 일이 없을 때 저는 서점 구경하는 것을 좋아해요.

3.

(1) B
   A 휴대전화를 사려면 쇼핑센터에 가는 게 좋아요.
   B 휴대전화를 사려면 대형 쇼핑센터에 가는 게 좋아요.

(2) A
   A 당신은 여기서 무엇을 사나요?
   B 당신은 여기에 와서 무엇을 사나요?

(3) A
   A 제가 정류장에서 당신을 기다릴게요. 우리 함께 가요.
   B 제가 지하철역에서 당신을 기다릴게요. 우리 함께 가요.

(4) B
   A 여기서부터 집까지 그리 멀지 않아요.
   B 여기서부터 그의 집까지 그리 멀지 않아요.

(5) A
   A 제 휴대전화 번호를 좀 적어요.
   B 제 휴대전화 번호를 좀 적으시지요.

(6) A
   A 제가 다시 한 번 말해 볼게요.
   B 다시 한 번 말씀해 주세요.

듣기 훈련

▶ 듣기 훈련 1

녹음대본

[王英和李美丽对话] (왕잉과 메리 리가 대화를 나눈다)

王英　李美丽, 你在这儿买什么? 메리 리 씨, 당신은 여기에서 무엇을 사나요?
李美丽　我想买手机。你看, 这个怎么样? 저는 휴대전화를 사고 싶어요. 당신이 보기에 이거 어때요?

王英　　很漂亮。 매우 예뻐요.

李美丽　你觉得贵不贵？ 당신 생각에 비싼 것 같나요?

王英　　不便宜。买手机去大商场好，你看，这儿只有三种，大商场有很多种。
　　　　싸지는 않아요. 휴대전화를 사려면 대형 쇼핑센터에 가는 것이 좋아요. 자, 보세요. 여기에는 단지 세 가지밖에 없지만, 대형 쇼핑센터에는 매우 많은 종류가 있거든요.

李美丽　好，我喜欢逛商场，哪儿有大商场？
　　　　좋아요. 저는 쇼핑센터 구경하는 것을 좋아해요. 대형 쇼핑센터는 어디에 있나요?

王英　　东边有一个，不太远，在中国银行旁边。
　　　　동쪽에 하나 있는데, 그리 멀지 않아요. 중국은행 옆에 있어요.

2.

(1) **A**

李美丽看的手机怎么样？ 메리 리가 본 휴대전화는 어떤가요?

　A 매우 예쁘다　　　　　　　B 그리 비싸지 않다

(2) **B**

为什么王英买手机去大商场？ 왕잉은 왜 휴대전화를 사러 대형 쇼핑센터에 가나요?

　A 대형 쇼핑센터에는 세 가지 휴대전화가 있어서　　B 대형 쇼핑센터에는 많은 종류의 휴대전화가 있어서

(3) **A**

哪儿有大商场？ 어디에 대형 쇼핑센터가 있나요?

　A 동쪽　　　　　　　　　　B 옆쪽

3.

(1) **在**

메리 리 씨, 당신은 여기에서 무엇을 사나요?

(2) **怎么样**

저는 휴대전화를 사고 싶어요. 당신이 보기에 이거 어때요?

(3) **觉得**

당신 생각에 비싼 것 같나요?

(4) **只**

휴대전화를 사려면 대형 쇼핑센터에 가는 것이 좋아요. 자, 보세요. 여기에는 단지 세 가지밖에 없지만, 대형 쇼핑센터에는 매우 많은 종류가 있거든요.

듣기 훈련 2

녹음대본

[王英和李美丽对话] (왕잉과 메리 리가 대화를 나눈다)

王英　李美丽，星期日晚上我去朋友家，你有事吗？没事一起去吧。
메리 리 씨, 일요일 저녁에 저는 친구네 집에 가는데, 당신은 일이 있어요? 별일 없으면 함께 가요.

李美丽　太好了，晚上几点？ 아주 좋아요. 저녁 몇 시에요?

王英　五点走就行。从这儿到他家不太远。 5시에 가면 돼요. 여기서 그의 집까지 그리 멀지 않아요.

李美丽　你在汽车站等我，我们一起走。 제가 정류장에서 당신을 기다릴게요. 우리 함께 가요.

王英　坐地铁吧，地铁快。 지하철을 타고 가죠. 지하철이 빨라요.

李美丽　好，你在地铁站等我。 좋아요. 당신이 지하철역에서 저를 기다리세요.

王英　行，五点。 좋아요. 5시요.

李美丽　你记一下我的手机号码。 제 휴대전화 번호를 좀 적으세요.

王英　我有你的手机号。 저는 당신의 휴대전화 번호가 있어요.

李美丽　是新手机号。 새로운 휴대전화 번호예요.

王英　你说吧，我记一下。 말씀하세요. 제가 적을게요.

李美丽　13521295981。 13521295981.

王英　我再说一遍，13521295981。 제가 다시 한 번 말해 볼게요. 13521295981.

李美丽　对。 맞아요.

2.

(1) **B**

星期日晚上李美丽有事吗？ 일요일 저녁에 메리 리는 일이 있나요?
　A 일이 있다　　　　B 일이 없다

(2) **B**

王英要在哪儿等李美丽？ 왕잉은 어디에서 메리 리를 기다리려고 하나요?
　A 정류장　　　　B 지하철역

(3) **A**

王英有李美丽的新手机号码吗？ 왕잉은 메리 리의 새로운 휴대전화 번호가 있나요?
　A 없다　　　　B 있다

3.

(1) 일요일 저녁에 그녀들은 어디에 가나요?　(2) 그녀들은 몇 시에 가나요?　(3) 그녀들은 왜 지하철을 타나요?

듣기 훈련 3

녹음대본

我是英国人，我在中国学习汉语。每天从早上到晚上，我都很忙。从星期一到星期五，上午我要上课，下午有时候有课，有时候没有课。没课的时候，我喜欢参观，喜欢逛商店，还喜欢和中国朋友聊天儿。晚上，我喜欢喝咖啡，喜欢看书，喜欢学习汉语。晚上十一点到十二点，我要上网。

저는 영국 사람입니다. 저는 중국에서 중국어를 배웁니다. 매일 아침부터 저녁까지 저는 매우 바쁩니다. 월요일부터 금요일까지 오전에 수업을 들어야 하고, 오후에도 어떤 때는 수업이 있고, 어떤 때는 수업이 없습니다. 수업이 없을 때, 저는 참관하는 것을 좋아하고 쇼핑하는 것을 좋아하며, 또한 중국 친구와 이야기 나누는 것을 좋아합니다. 밤에 저는 커피를 마시는 것을 좋아하고 책 읽는 것을 좋아하며, (또한) 중국어 공부하는 것을 좋아합니다. 밤 11시부터 12시까지 저는 인터넷을 합니다.

2.

(1) **A**

A和B哪个是"我"的课表？ A와 B 중 어느 것이 '나'의 시간표인가요?

(2) **B**

没课的时候"我"喜欢做什么？ 수업이 없을 때 '나'는 뭐 하는 것을 좋아하나요?

　A 인터넷 하는 것　　　　　　B 쇼핑하는 것

3.

(1) 上课　　　　　　　　　　(2) 参观，逛商店，聊天儿

(3) 喝咖啡，看书，学习汉语　　(4) 上网

마무리 정리

1.

(1) 당신의 휴대전화는 어디에서 산 거예요?　　(2) 당신의 휴대전화는 비싸요?

(3) 당신의 휴대전화는 예뻐요?　　(4) 당신은 쇼핑하는 것을 좋아해요?

(5) 당신은 인터넷 하는 것을 좋아해요?　　(6) 당신은 이야기 나누는 것을 좋아해요?

(7) 당신은 매일 오전에 모두 수업이 있어요?　　(8) 당신은 커피 마시는 것을 좋아해요?

(9) 제가 저의 휴대전화 번호를 말할 테니, 좀 적어 보시겠어요?　　(10) 다시 한 번 제 휴대전화 번호를 말씀해 주실 수 있어요?

12

발음 연습의 한어병음의 한자와 우리말 뜻은 중급자들도 어려운 게 많습니다. 하나하나 다 외울 필요는 없으니 부담 갖지 말고 참고만 하세요.

1.

(1) 损 손상시키다, 감소하다 / 岁 세, 해, 세월
(2) 只 단지, 오직 / 次 두 번째의, 차례
(3) 月 달, 월 / 夜 밤
(4) 天 하늘, 하루, 날, 낮 / 听 듣다, 따르다
(5) 远 멀다, (차이가) 크다 / 演 공연하다, 연습하다
(6) 位 자리, 직위, 분 / 问 묻다, 안부를 묻다
(7) 有 있다, 가지고 있다 / 永 길다, 영원히, 늘
(8) 碟 접시, CD / 切 끊다, 썰다, 나누다
(9) 全 전체의, 완전히 / 悬 매달다, 결말이 나지 않다
(10) 遵 따르다, 지키다 / 存 존재하다, 보존하다, 저축하다
(11) 字 글자, 문자 / 词 단어, 말
(12) 叫 (이름을) ~라고 부르다, 외치다 / 瞧 보다, 구경하다
(13) 纸 종이 / 此 이, 이것, 이렇게
(14) 京 수도, 베이징 / 庆 경축하다, (축하할 만한) 일·날
(15) 换 바꾸다 / 黄 노랗다, 선정적인
(16) 蹲 쪼그려 앉다, 집에 틀어박히다 / 退 물러나다, 후퇴하다
(17) 写 글씨를 쓰다, 묘사하다 / 学 배우다, 흉내 내다, 학문
(18) 锐 날카롭다, 예리하다 / 愧 부끄럽다, 송구스럽다

2.

(1) 季节 계절, 절기 / 直接 직접적인
(2) 天气 날씨, 일기 / 典礼 식, 행사
(3) 足迹 발자취 / 注意 주의하다, 조심하다
(4) 杂技 잡기, 곡예, 서커스 / 杂剧 잡극
(5) 怨言 불평, 원망하는 말 / 演算 연산하다
(6) 上午 오전 / 下午 오후
(7) 地方 지방, 그 지방 / 地方 장소, 곳, 부분
(8) 实际 실제, 실제의, 현실적이다 / 司机 기사, 운전사

3.

(1) zīrùn 滋润 촉촉하다, 촉촉하게 적시다
(2) cìyào 次要 이차적인, 다음으로 중요한
(3) cíyǔ 词语 언어, 글자
(4) chīfàn 吃饭 밥을 먹다
(5) lǜhuà 绿化 녹화, 녹화하다
(6) tèqū 特区 특구, 특별행정구
(7) jīchǔ 基础 기초, 밑바탕, 기반
(8) rènyì 任意 임의의, 마음대로, 제멋대로

(9) zhīchí 支持 지지하다, 견디다

(10) zìcóng 自从 ~부터, ~에서

(11) gǎndòng 感动 감동하다, 감동시키다

(12) quánshuǐ 泉水 샘물

4.

(1) fákuǎn 罚款 벌금을 물리다, 위약금

(2) jǔxíng 举行 거행하다, 개최하다

(3) rùmí 入迷 매혹되다, 빠져들다, ~광이 되다

(4) gāngcái 刚才 방금, 지금 막

(5) diàochá 调查 조사하다

(6) huīxīn 灰心 낙담하다, 의기소침하다

(7) kuàichē 快车 급행열차, 급행버스

(8) lǐfà 理发 머리를 깎다, 이발하다

(9) bāngmáng 帮忙 돕다, 거들다, 원조하다

(10) gānzào 干燥 건조하다, 말리다, 재미가 없다

(11) huǎnghuà 谎话 거짓말, 허튼소리

(12) wèishēngzhǐ 卫生纸 화장지, 휴지

5.

(1) 帮 돕다, 거들다

(2) 租 세내다, 세를 주다, 임대료

(3) 离 떠나다, 헤어지다, ~로부터

(4) 小时 시간

(5) 昨天 어제

(6) 搬家 이사하다, 옮기다

(7) 不错 맞다, 좋다, 괜찮다

(8) 做客 손님이 되다, 방문하다

(9) 已经 이미, 벌써

(10) 可以 ~할 수 있다, ~해도 좋다

(11) 方便 편리하다, 편리, 편의, 편의를 봐주다

(12) 打电话 전화를 걸다

6.

(1) 칼   (2) 컵   (3) 광천수, 미네랄워터   (4) 우산

듣기 워밍업

2.

(1) 건강에 좋다

(2) 자전거를 타는 것은 건강에 좋아요.

(3) 자전거를 타는 것은 건강에 좋아요.

(4) 당신은 일하고 싶어요, 아니면 학교에 다니고 싶어요?

(5) 학교에 다니는 게 좋아요, 아니면 일을 하는 게 좋아요?

(6) 자동차를 타고 가는 게 좋아요, 아니면 자전거를 타고 가는 게 좋아요?

(7) 무엇을 하려고 해요?   (8) 당신은 무엇을 하려고 해요?

(9) 내년에 당신은 무엇을 하려고 해요?   (10) 저는 취미가 매우 많아요.

(11) 저는 자전거 타는 것을 좋아해요.   (12) 저는 자전거를 타고 여행하는 것을 좋아해요.

3.

(1) **A**
 A 저는 몇 가지 질문이 있어요.
 B 저는 한 가지 질문이 있어요.

(2) **A**
 A 당신은 선생님이 되는 게 좋아요?
 B 당신은 장 선생님을 좋아해요?

(3) **B**
 A 자동차가 좋아요, 아니면 자전거가 좋아요?
 B 자동차를 타는 게 좋아요, 아니면 자전거를 타는 게 좋아요?

(4) **B**
 A 그는 일본 사람이 아니고, 한국 사람이에요.
 B 그는 일본 사람도 아니고, 한국 사람도 아니에요.

(5) **B**
 A 당신은 내일 우리와 함께 여행을 가시죠.
 B 당신은 내일 우선 우리와 함께 여행을 가시죠.

(6) **A**
 A 저는 여행하는 것과 밥하는 것에 관심이 있어요.
 B 저는 여행하는 것과 밥 먹는 것에 관심이 있어요.

듣기 훈련

듣기 훈련 1

녹음대본

男 妈妈，我有几个问题。 엄마, 저 질문이 몇 가지 있어요.

女 什么问题？你说吧，我回答。 무슨 문제? 말해 보렴. 대답해 줄 테니.

男 上学好，还是工作好？ 학교에 다니는 게 좋아요, 아니면 일하는 게 좋아요?

女 你呢，现在上学好，以后工作好。 네 경우엔 지금은 학교에 다니는 게 좋고, 앞으로 일을 하는 게 낫겠지.

男 您是医生，爸爸是老师。爸爸的工作好，还是您的工作好？
엄마는 의사고, 아빠는 선생님이잖아요. 아빠의 직업이 좋아요, 아니면 엄마의 직업이 좋아요?

女 你喜欢做老师，老师就好；喜欢做医生，医生就好。
네가 선생님이 되고 싶다면 선생님이 좋은 거고, 의사가 되고 싶다면 의사가 좋은 거지.

男 坐汽车好，还是骑自行车好？ 자동차를 타는 게 좋아요, 아니면 자전거를 타는 게 좋아요?

女 骑自行车对身体好，可是我更喜欢坐地铁，因为地铁快。
자전거를 타는 게 건강에 좋아. 그렇지만 나는 지하철 타는 게 더 좋더라. 왜냐하면 지하철이 빠르니까.

2.

(1) 의사가 되는 게 좋아요, 아니면 선생님이 되는 게 좋아요? (**2**)

(2) 학교에 다니는 게 좋아요, 아니면 일하는 게 좋아요? (**1**)

(3) 자동차를 타는 게 좋아요, 아니면 자전거를 타는 게 좋아요? (**3**)

3.

(1) 학교에 다니는 게 좋아요, 아니면 일하는 게 좋아요?

(2) 아빠는 무슨 일을 해요? 엄마는 무슨 일을 해요?

(3) 의사가 되는 게 좋아요, 아니면 선생님이 되는 게 좋아요?

(4) 엄마는 자전거 타는 것을 좋아해요, 아니면 자동차 타는 것을 좋아해요? 왜요?

(5) 엄마는 왜 지하철 타는 것을 가장 좋아해요?

▶ 듣기 훈련 2

녹음대본

山田佑	你好！你是新同学吗？	안녕하세요! 당신은 새로 온 학생인가요?
林小弟	我介绍一下我自己，我叫……	제 소개를 할게요. 저는 ……
李美丽	我来介绍吧。他是中国人，王英的同学，叫林小弟，大学四年级的学生。	
	제가 소개할게요. 이 분은 중국 사람이고, 왕잉의 친구인 린샤오디예요. 대학교 4학년 학생이고요.	
山田佑	王英、林小弟，明年你们准备干什么？工作还是上学？	
	왕잉, 린샤오디, 내년에 당신들은 무엇을 할 거예요? 일을 할 거예요, 아니면 학교에 다닐 거예요?	
王英	我喜欢我爸爸的工作，他是医生；也喜欢我妈妈的工作，她是老师。	
	저는 저의 아빠의 직업을 좋아해요. 아빠는 의사예요. 그리고 또 저의 엄마의 일도 좋아해요. 엄마는 선생님이에요.	
李美丽	可是做医生、做老师，还需要再上学吧？	
	그렇지만 의사나 선생님이 되려면 또한 공부를 더 해야 하잖아요?	
王英	是。 네.	
山田佑	林小弟，你呢？ 린샤오디, 당신은요?	
林小弟	我想工作，可是干什么呢？我的爱好特别多，喜欢喝茶、喜欢做饭、喜欢上网、喜欢骑自行车、喜欢旅游。	
	저는 일을 하고 싶어요. 그런데 무엇을 해야 할까요? 저는 취미가 정말 많아요. 차 마시고 밥하는 것을 좋아하고, 인터넷을 하거나 자전거 타는 것도 좋아하고 여행도 좋아해요.	
李美丽	你最喜欢什么？ 당신은 무엇을 가장 좋아하는데요?	

林小弟	我最喜欢骑自行车旅游。저는 자전거를 타고 여행하는 것을 제일 좋아해요.
王英	你明天先和我们一起去旅游吧，骑自行车去。 당신은 내일 우선 우리와 함께 여행을 가시죠. 자전거를 타고요.
林小弟	好啊。좋아요.

2.

(1) **A**

林小弟是哪国人？ 린샤오디는 어느 나라 사람이에요?
   A 중국 사람　　　　　　　B 한국 사람

(2) **B**

谁明年想工作？ 누가 내년에 일을 하고 싶어해요?
   A 왕잉　　　　　　　　　B 린샤오디

(3) **A**

林小弟明年想干什么？ 린샤오디는 내년에 무엇을 하고 싶어해요?
   A 그는 모른다　　　　　　B 우선 여행을 간다

3.

(1) **干什么**

내년에 당신들은 <u>무엇을 할</u> 거예요? 일을 할 거예요, 아니면 학교에 다닐 거예요?

(2) **可是**

저는 일을 하고 싶어요. <u>그런데</u> 무엇을 해야 할까요?

(3) **最**

저는 자전거를 타고 여행하는 것을 <u>제일</u> 좋아해요.

▶ 듣기 훈련 3

녹음대본

王英和林小弟都是大学四年级的学生。王英喜欢爸爸的工作，也喜欢妈妈的工作。她爸爸是医生，妈妈是老师。可是做老师需要再上学，做医生也需要再上

왕잉과 린샤오디는 모두 대학교 4학년 학생입니다. 왕잉은 아버지의 직업을 좋아하고, 또한 어머니의 직업도 좋아합니다. 그녀의 아버지는 의사이고, 어머니는 선생님입니다. 그러나 선생님이 되려면 또 공부를 해야 하고, 의사가 되려고 해도 역시

学。明年王英还想上学。林小弟明年想工作。他的爱好特别多，他喜欢喝茶、喜欢上网、喜欢骑自行车，他对旅游、做饭也感兴趣，他最喜欢骑自行车旅游。王英和林小弟明天要一起去旅游，他们想骑自行车去。

학교에 더 다녀야 합니다. 내년에 왕잉은 학교에 더 다니고 싶습니다. 린샤오디는 내년에 일을 하고 싶습니다. 그는 취미가 아주 많습니다. 그는 차 마시는 것을 좋아하고, 인터넷을 하거나 자전거 타는 것을 좋아합니다. 그는 여행과 밥하는 것에도 흥미가 있습니다. 그는 자전거를 타고 여행하는 것을 제일 좋아합니다. 왕잉과 린샤오디는 내일 함께 여행을 가려고 하는데, 그들은 자전거를 타고 가고 싶습니다.

2.

(1) **B**
자전거를 타고 여행하는 것을 제일 좋아함

(2) **A**
내년에 계속 학교에 다니고 싶어함

(3) **A**
엄마가 선생님이심

(4) **B**
인터넷 하는 것을 좋아함

(5) **B**
밥하는 것에 흥미가 있음

(6) **A**
아빠가 의사이심

(7) **B**
차 마시는 것을 좋아함

(8) **B**
자전거 타는 것을 좋아함

(9) **B**
여행하는 것을 좋아함

(10) **B**
내년에 일을 하고 싶어함

3.

(1) **再 / 再**
그러나 선생님이 되려면 또 공부를 해야 하고, 의사가 되려고 해도 역시 학교에 더 다녀야 합니다.

(2) **还**
내년에 왕잉은 학교에 더 다니고 싶습니다.

(3) **对**
그는 차 마시는 것을 좋아하고, 인터넷을 하거나 자전거 타는 것을 좋아합니다. 그는 여행과 밥하는 것에도 흥미가 있습니다.

(4) **骑**
왕잉과 린샤오디는 내일 함께 여행을 가려고 하는데, 그들은 자전거를 타고 가고 싶습니다.

▶ 마무리 정리

1.

(1) 당신은 내년에 무엇을 하고 싶나요?

(2) 당신은 무엇에 흥미가 있나요?

(3) 당신은 어떤 취미가 있나요?

(4) 당신이 보기에 학교에 다니는 게 좋아요, 아니면 일하는 게 좋아요?

(5) 당신이 보기에 자동차를 타는 게 좋아요, 아니면 자전거를 타는 게 좋아요?

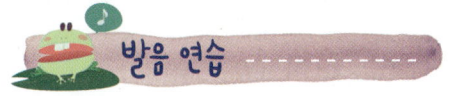

발음 연습의 한어병음의 한자와 우리말 뜻은 중급자들도 어려운 게 많습니다. 하나하나 다 외울 필요는 없으니 부담 갖지 말고 참고만 하세요.

1.

(1) 烂漫 눈부시게 아름답다. 꾸밈없다 / 浪漫 낭만이다. 로맨틱하다

(2) 鼻孔 콧구멍 / 气功 기공, 단전 호흡

(3) 鼓励 격려하다 / 孤立 고립되어 있다, 고립시키다

(4) 狠心 모질게 마음먹다, 잔인하다 / 好心 호의, 좋은 마음

(5) 对付 대응하다, 대처하다, 그럭저럭 하다 / 退伍 제대하다, 퇴역하다

(6) 贵重 귀중하다, 중요하다 / 亏空 적자, 빚, 적자 나다, 빚지다

(7) 飞机 비행기 / 晦气 불운, 재수 없다

(8) 借助 도움을 빌리다 / 吃醋 질투하다, 시기하다

(9) 不会 ~할 수 없다, ~할 리가 없다 / 不贵 비싸지 않다

(10) 字样 글씨의 본보기, 문구 / 志向 포부, 장래희망

(11) 肆意 제멋대로, 함부로 / 稀奇 희귀하다, 신기하다

(12) 哭泣 흐느껴 울다 / 故意 고의로, 일부러

2.

(1) érqiě 而且 또한, ~뿐만 아니라
(2) jiějué 解决 해결하다, 없애다
(3) chéngjiù 成就 성취, 성과, 이루다
(4) xiūlǐ 修理 수리하다, 고치다
(5) shàngwǔ 上午 오전
(6) gǎn cháoliú 赶潮流 유행을 따르다, 대세를 따르다
(7) kànjiàn 看见 보다, 보이다
(8) juànzi 卷子 시험지, 시험 답안지
(9) zàisān 再三 재삼, 여러 번, 거듭
(10) nàixīn 耐心 참을성 있다, 인내심
(11) bókè 博客 블로그
(12) fā píqi 发脾气 화를 내다, 성질을 부리다
(13) diànzǐ cídiǎn 电子词典 전자사전
(14) shān qīng shuǐ xiù 山清水秀 산 좋고 물 맑다
(15) lǜsè shípǐn 绿色食品 녹색 식품, 무공해 식품
(16) gāngxìng xūqiú 刚性需求 비탄력적 수요

3.

(1) fěngcì 讽刺 풍자, 풍자하다
(2) défēn 得分 득점, 득점하다, 점수를 얻다
(3) míngquè 明确 명확하다, 명확하게 하다
(4) píngcháng 平常 평소, 보통이다, 평범하다
(5) zhēnchéng 真诚 진실하다, 성실하다
(6) liángshi 粮食 양식, 식량
(7) fángzi 房子 집, 건물
(8) zǎodiǎn 早点 (간단한) 아침 식사, 좀 일찍
(9) kuòdà 扩大 확대하다, 넓히다
(10) jǐngsè 景色 풍경, 경치
(11) shǔbiāo 鼠标 마우스
(12) kuàijiéjiàn 快捷键 단축키

4.

(1) 穿 입다, 신다, 통과하다, 뚫다
(2) 厚 두께, 두껍다, 깊다
(3) 告诉 알리다, 말하다
(4) 好看 보기 좋다, 재미있다
(5) 这么 이런, 이렇게, 이와 같은
(6) 舒服 편안하다, 상쾌하다
(7) 办法 방법, 수단, 방식
(8) 怎么 어떻게, 어째서, 왜
(9) 听说 듣자 하니, 듣건대
(10) 一点儿 조금, 약간
(11) 有点儿 조금, 약간
(12) 一会儿 잠시, 잠깐, 곧

5.

(1) 양말　　　(2) 바지　　　(3) 셔츠, 와이셔츠　　　(4) 티셔츠

듣기 워밍업

2.

(1) 당신에게 전화를 걸다
(2) 제가 당신에게 전화를 걸었어요.
(3) 어제 제가 당신에게 전화를 걸었어요.
(4) 한 시간
(5) 지하철을 타고 한 시간이 걸려요.
(6) 집부터 학교까지 지하철을 타고 한 시간이 걸려요.
(7) 집을 빌리다
(8) 저는 집을 빌렸어요.
(9) 저는 그 단지에 집을 빌렸어요.
(10) 기쁜 일
(11) 당신은 무슨 기쁜 일이 있나요?
(12) 저는 이사를 했어요.
(13) 저는 이미 이사를 했어요.
(14) 지난 토요일에 저는 이미 이사를 했어요.
(15) 우리 집에 놀러 오다
(16) 우리 집에 놀러 오세요.

3.

(1) **B**
　A 어제 저는 새로 문을 연 쇼핑센터에 갔었어요.
　B 어제 저는 그 새로 문을 연 쇼핑센터에 갔었어요.

(2) **A**
　A 당신들의 학교는 당신의 집에서 먼가요?
　B 학교는 당신들의 집에서 먼가요?

(3) **A**
　A 그곳에 밥을 먹고 차를 마시는 곳이 있나요?
　B 그곳에 차를 마시고 밥을 먹는 곳이 있나요?

(4) **B**
　A 지난 토요일에 저는 이미 이사했어요. 우리 집에 놀러 오세요.
　B 저는 지난 토요일에 이미 이사했어요. 우리 집에 놀러 오세요.

(5) **A**
　A 그는 아침도 먹지 않고 바로 쇼핑센터에 구경을 갔어요.
　B 그는 아침도 먹지 않고 바로 새로 문을 연 쇼핑센터에 갔어요.

(6) **A**

A 이번 주 토요일에 그는 또 갔어요.
B 이번 주 토요일에 그는 바로 갔어요.

▶ 듣기 훈련 1

녹음대본

[山田佑给林小弟打电话] (야마다 유가 린샤오디에게 전화를 걸다)

山田佑 喂，林小弟，我是山田。你起床了吗? 여보세요. 린샤오디 씨, 저는 야마다에요. 일어났어요?

林小弟 起床了。 일어났어요.

山田佑 吃早饭了吗? 아침은 먹었어요?

林小弟 没有，你呢? 아직이요. 당신은요?

山田佑 我吃了。昨天我给你打电话了。 저는 먹었어요. 어제 제가 당신한테 전화를 했었어요.

林小弟 我不在，昨天我去那个新商场了。
저는 집에 없었어요. 어제 저는 그 새로 문을 연 쇼핑센터에 갔었어요.

山田佑 那个新的商场? 그 새로 문을 연 쇼핑센터에요?

林小弟 对。네.

山田佑 离学校近吗? 학교에서 가까워요?

林小弟 不近，要走半个小时。 가깝진 않아요. 30분을 걸어가야 해요.

山田佑 你买什么了? 당신은 무엇을 샀나요?

林小弟 一本地图，旅游的时候方便。 지도 한 권이요. 여행할 때 편리하거든요.

山田佑 不是方便，是一定要有。还买什么了?
편리한 게 아니라 반드시 있어야 해요. 그리고 또 무엇을 샀어요?

林小弟 自行车。자전거요.

山田佑 好，下星期我们一起骑车去旅游。좋아요. 다음 주에 우리 함께 자전거를 타고 여행을 가요.

2.

(1) **B**

林小弟没有做什么? 린샤오디는 무엇을 하지 않았어요?

A 일어나기   B 밥 먹기

(2) **B**

昨天林小弟去哪儿了？ 어제 린샤오디는 어디에 갔나요?
   A 학교   B 쇼핑센터

(3) **A**

林小弟昨天坐地铁了吗？ 린샤오디는 어제 지하철을 탔나요?
   A 타지 않았다   B 탔다

3.

(1) 린샤오디는 어제 어떤 쇼핑센터에 갔었나요?
(2) 쇼핑센터는 학교에서 가깝나요?
(3) 쇼핑센터에서 린샤오디는 무엇을 샀나요?
(4) 야마다 유는 다음 주에 무엇을 하고 싶어하나요?

듣기 훈련 2

녹음대본

[李美丽和王英对话] (메리 리와 왕잉이 대화를 나눈다)

李美丽   王英，我在你们小区租房子了。 왕잉 씨, 저는 당신네 단지에 집을 하나 빌렸어요.

王英   太好了! 离我们家近吗? 정말 잘됐네요! 우리 집에서 가깝나요?

李美丽   你在3号楼，我在2号楼。 당신은 3동에 살고, 저는 2동에 살아요.

王英   真近，就在我们家前边。 정말 가깝네요. 바로 우리 집 앞이에요.

李美丽   我喜欢你们小区，花也多，树也多，很漂亮。有超市，有书店，有吃饭的地方，有喝茶的地方，非常方便。
저는 당신네 단지가 좋아요. 꽃도 많고 나무도 많고, 정말 예뻐요. 슈퍼마켓과 서점이 있고, 밥 먹을 곳과 차 마실 곳도 있어서 정말 편리해요.

王英   去学校坐汽车、坐地铁都行，骑自行车也可以。
학교에 갈 때 차를 타거나 지하철을 타기에도 모두 좋아요. 자전거를 타고 가도 되고요.

李美丽   走路也行，最多走40分钟。 걸어가도 괜찮아요. 많이 걸려야 걸어서 40분인걸요.

王英   你什么时候搬家? 我帮你。 당신은 언제 이사해요? 제가 도와 드릴게요.

李美丽   我上星期六已经搬了，来我家做客吧。
저는 지난 토요일에 이미 이사를 했어요. 우리 집에 놀러 오세요.

王英   我一定去。 제가 꼭 갈게요.

2.

(1) **A**

2号楼在3号楼的哪边？ 2동은 3동의 어디에 있나요?
  A 앞쪽   B 뒤쪽

(2) **B**

李美丽为什么在这儿租房子？ 메리 리는 왜 이곳에 집을 빌렸나요?
  A 왕잉이 여기에 있어서   B 그녀가 여기를 좋아해서

(3) **A**

李美丽什么时候搬家？ 메리 리는 언제 이사를 했나요?
  A 이미 이사했다   B 다음 주 토요일

3.

(1) **好**

정말 잘됐네요!

(2) **可以**

학교에 갈 때 차를 타거나 지하철을 타기에도 모두 좋아요. 자전거를 타고 가도 되고요.

(3) **多**

걸어가도 괜찮아요. 많이 걸려야 걸어서 40분인걸요.

(4) **已经**

저는 지난 토요일에 이미 이사를 했어요. 우리 집에 놀러 오세요.

▶ 듣기 훈련 3

녹음대본

上星期六，山田佑八点起床，没吃早饭就去那个新商场了。商场很大，东西很多，人也特别多。他没买东西，逛商场是他的爱好。这个星期六，他又去了，他想买光盘，可是没有他想买的光盘，他又没买东西。回学校的时候，他去了李美丽的新家，他觉得那个小区真不错，他也想在那儿租房子。

지난주 토요일에 야마다 유는 8시에 일어나서, 아침도 먹지 않고 바로 그 새로 문을 연 쇼핑센터에 갔습니다. 쇼핑센터는 아주 크고 물건도 매우 많았으며, 사람이 특히 많았습니다. 그는 물건을 사지는 않았지만 쇼핑센터를 구경하는 것은 그의 취미입니다. 이번 주 토요일에 그는 또 쇼핑센터에 갔습니다. 그는 CD를 사고 싶었지만 그가 사고 싶어하는 CD가 없어서 또 물건을 사지 않았습니다. 학교에 돌아올 때, 그는 메리 리의 새 집에 갔습니다. 그는 그 단지가 정말 좋다고 생각했고, 그도 거기에 집을 빌리고 싶었습니다.

2.

(1) **B**

上星期六，山田佑起床以后干什么了？ 지난주 토요일에 야마다 유는 일어나서 무엇을 했나요?
　A 아침을 먹었다　　　　　B 쇼핑센터에 갔다

(2) **A**

这个星期六，山田佑去商场干什么？ 이번 주 토요일에 야마다 유는 쇼핑센터에 가서 무엇을 했나요?
　A 그는 물건을 사고 싶었다　　　　　B 단지 쇼핑센터를 구경하고 싶었다

(3) **B**

他买什么了？ 그는 무엇을 샀나요?
　A 그가 좋아하는 CD　　　　　B 아무것도 사지 않았다

(4) **B**

回学校的时候，山田佑去干什么了？ 학교에 돌아올 때, 야마다 유는 무엇을 하러 갔나요?
　A 집 빌리러　　　　　B 친구를 만나러

3.

(1) **没**

야마다 유는 8시에 일어나서, 아침도 먹지 않고 바로 그 새로 문을 연 쇼핑센터에 갔습니다.

(2) **又**

이번 주 토요일에 그는 또 쇼핑센터에 갔습니다.

(3) **不错**

그는 그 단지가 정말 좋다고 생각했고, 그도 거기에 집을 빌리고 싶었습니다.

▶ 마무리 정리

1.

(1) 당신이 가장 좋아하는 쇼핑센터는 어디에 있나요? 당신은 차를 타고 가나요, 아니면 걸어서 가나요? 얼마나 걸리나요?

(2) 당신은 종종 쇼핑센터에 가서 무엇을 사나요?

(3) 당신 학교의 주변 환경은 어떤가요?

(4) 물건을 살 때, 당신이 가장 기뻤던 일은 무엇인가요? 가장 기분 나빴던 일은 무엇인가요?

14

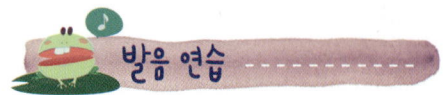 발음 연습

발음 연습의 한어병음의 한자와 우리말 뜻은 중급자들도 어려운 게 많습니다. 하나하나 다 외울 필요는 없으니 부담 갖지 말고 참고만 하세요.

1.

(1) 依恋 이별을 아쉬워하다, 그리워하다 / 意念 생각, 견해
(2) 完满 원만하다, 완벽하다 / 完美 완전무결하다, 훌륭하다
(3) 气体 기체, 가스 / 躯体 신체, 몸
(4) 迟到 지각하다 / 制造 제조하다, 만들다, 조성하다
(5) 命令 명령, 명령하다 / 明亮 환하다, 빛나다, 반짝거리다
(6) 务必 반드시, 기필코 / 呼吸 호흡, 호흡하다, 숨을 쉬다
(7) 脾气 성격, 성질, 성미 / 憋气 숨이 막히다, 답답하다, 숨을 참다
(8) 真正 진정한, 정말로 / 珍重 소중히 하다, 건강에 유의하다
(9) 预期 예기하다, 미리 기대하다 / 意气 의지와 기개, 감정
(10) 说话 말하다, 이야기하다 / 俗话 속담, 옛말
(11) 尽量 가능한, 되도록 / 清凉 서늘하다, 상쾌하다
(12) 季节 계절 / 七月 7월

2.

(1) wúbù 无不 ~하지 않는 것이 없다, 모두 ~이다
(2) guān'ài 关爱 사랑으로 돌보다, 귀여워하다
(3) dǒudǎn 斗胆 대담하게, 과감히
(4) gōngchǎng 工厂 공장
(5) érnǚ 儿女 아들과 딸, 자녀
(6) jiànxiào 见效 효력을 나타내다, 효험을 보다
(7) wěiliè 伪劣 위조하거나 품질이 불량하다
(8) kǒugǎn 口感 입맛, 맛, 미각
(9) pàngshòu 胖瘦 살찐 정도
(10) duànliàn 锻炼 단련하다
(11) débìng 得病 병을 얻다, 병에 걸리다
(12) bànlǐ 办理 처리하다, 취급하다
(13) zìyóu 自由 자유, 자유롭다
(14) jìngzǒu 竞走 경보
(15) guānxi 关系 관계, 관련, 관련하다
(16) rènao 热闹 번화하다, 떠들썩하다, 즐겁게 하다
(17) yùndòngxié 运动鞋 운동화
(18) jīnbuzhù 禁不住 견디지 못하다, 참지 못하다

3.

(1) shuǐguǒ 水果 과일
(2) wénjù 文具 문구, 문방구
(3) hùxiāng 互相 상호, 서로
(4) láiwǎng 来往 왕래하다, 왕복하다, 오가다

(5) mǎimài 买卖 사업, 장사
(6) zhàogù 照顾 돌보다, 보살피다
(7) jiàgé 价格 가격
(8) dàyì 大意 대의
(9) bùhé 不和 화목하지 않다, 사이가 나쁘다
(10) kōngqì 空气 공기, 분위기
(11) gōnglǐ 公里 킬로미터, km
(12) nánwéiqíng 难为情 난감하다, 부끄럽다, 쑥스럽다

4.

(1) 住 숙박하다, 살다, 머무르다
(2) 教 가르치다, 전수하다
(3) 学 배우다, 흉내 내다
(4) 进 (밖에서 안으로) 들다
(5) 听 듣다, 따르다
(6) 先生 ~ 선생, ~ 씨[성인 남성에 대한 존칭], 남편
(7) 欢迎 환영하다, 기꺼이 맞이하다
(8) 电视 텔레비전
(9) 清楚 분명하다, 명백하다
(10) 注意 주의하다, 조심하다
(11) 开始 시작되다, 시작하다
(12) 互相 상호, 서로

5.

(1) 신, 신발
(2) 스웨터
(3) 치마
(4) 반바지

듣기 워밍업

2.

(1) 겨울이 특히 춥다.
(2) 이곳은 겨울이 특히 춥다.
(3) 제가 듣기에 이곳은 겨울이 특히 춥다고 하던데요.
(4) 듣자 하니 당신은 감기에 걸리셨다면서요.
(5) 겨울이 되면 바로 추워져요.
(6) 그는 돈이 생기면 바로 써 버려요.
(7) 바지 한 벌만 입다
(8) 겨울에 바지 한 벌만 입어도 괜찮아요?
(9) 이렇게 많은 옷
(10) 겨울에는 이렇게 많은 옷을 입어야 하나요?
(11) 이렇게 예쁜 옷
(12) 이렇게 비싼 옷
(13) 당신 이렇게나 많은 옷을 샀군요!
(14) 당신은 왜 이렇게 많은 옷을 샀어요?
(15) 이 옷은 예뻐요.
(16) 이런 꽃이 아름다워요.
(17) 저는 감기에 걸려서 편치 않아요.

3.

(1) **B**

   A 제가 듣기에 그곳은 겨울이 특히 춥다고 하던데요.

   B 제가 듣기에 이곳은 겨울이 특히 춥다고 하던데요.

(2) **B**

   A 그는 돈이 있으면 바로 써 버려요.

   B 그는 돈이 생기기만 하면 바로 써 버려요.

(3) **A**

   A 겨울에 이렇게 많은 옷을 입어야 해요?

   B 겨울에 그렇게 많은 옷을 입어야 해요?

(4) **B**

   A 왕잉은 바빠서 쇼핑하는 것을 좋아하지 않아요.

   B 왕잉은 바빠서 쇼핑하는 것을 그다지 좋아하지 않아요.

(5) **A**

   A 그녀는 슈퍼마켓에 갔어요. 왜냐하면 내일 아침에 먹을 것이 없었기 때문이지요.

   B 그녀는 슈퍼마켓에 갔어요. 왜냐하면 내일 아침에 그녀는 먹을 것이 없었기 때문이지요.

(6) **A**

   A 왕잉은 하루 종일 책을 안 보고, 물건을 사러 세 번 다녀왔어요.

   B 왕잉은 하루 종일 책을 보지 않고, 물건을 사러 세 번 다녀왔어요.

▶ 듣기 훈련 1

녹음대본

[山田佑坐出租车] (야마다 유가 택시를 탄다)

出租车司机 您好! 안녕하세요!

山田佑 你好! 去最近的地铁站。今天真冷!
안녕하세요! 가장 가까운 지하철역으로 가 주세요. 오늘 정말 춥네요!

出租车司机 是啊, 已经十一月了。그러게요. 벌써 11월이잖아요.

山田佑 我听说这儿冬天特别冷, 是吗? 제가 듣기에 이곳은 겨울이 특히 춥다고 하던데, 그런가요?

出租车司机 是, 一到十一月就冷了。네. 11월이 되면 바로 추워져요.

山田佑	冬天穿一条厚裤子行吗?	겨울에 두꺼운 바지 한 벌만 입어도 되나요?
出租车司机	只穿一条裤子? 不行。	바지 한 벌만 입는다고요? 안돼요.
山田佑	冬天要穿多少衣服?	겨울에 옷을 얼마나 입어야 할까요?
出租车司机	我告诉你啊, 一到十一月, 你就要准备毛衣、羽绒服。穿厚一点儿不好看, 可是不感冒。 제가 알려 드릴게요. 11월이 되면 바로 스웨터와 다운점퍼를 준비해야 해요. 좀 두껍게 입는 것이 멋있지는 않지만, 그래도 감기에는 걸리지 않지요.	
山田佑	不是好看不好看的问题。穿这么多衣服, 不方便。 멋있고 안 멋있고의 문제가 아니에요. 옷을 그렇게 많이 입으면 불편해서요.	
出租车司机	感冒了要吃药, 看病要花钱, 也不好, 是不是? 감기에 걸리면 약을 먹어야 하고 진찰을 받으려면 돈도 써야 하니, 그것도 좋지는 않죠. 그렇지 않아요?	
山田佑	对, 明天我就去买冬天的衣服。	맞아요. 내일 저는 당장 겨울 옷을 사러 가야겠어요.
出租车司机	到了。	도착했습니다.
山田佑	谢谢!	고맙습니다.

2.

(1) **A**

山田佑去哪儿? 야마다 유는 어디에 가나요?

　A 지하철역　　　　　　　B 슈퍼마켓

(2) **B**

出租车司机觉得穿衣服多了怎么样? 택시 기사는 옷을 많이 입는 것이 어떻다고 생각하나요?

　A 불편함　　　　　　　　B 감기에 걸리지 않음

(3) **B**

山田佑为什么不想多穿衣服? 야마다 유는 왜 옷을 많이 입고 싶지 않나요?

　A 멋있지 않아서　　　　　B 불편해서

3.

(1) 오늘 날씨는 어떤가요?　　　　　　　　(2) 언제 추워지나요?

(3) 겨울에는 어떤 옷을 준비해야 하나요?　　(4) 감기에 걸린 후에는 무엇을 해야 하나요?

듣기 훈련 2

녹음대본

[李美丽和山田佑对话] (메리 리와 야마다 유가 대화를 나눈다)

李美丽　山田佑，你怎么买了这么多衣服？ 야마다 유 씨, 당신은 왜 이렇게 많은 옷을 샀어요?

山田佑　我听说这儿冬天特别冷。你看，我买了一件羽绒服、两件毛衣、两条厚裤子。
제가 듣기에 이곳은 겨울이 특히 춥대요. 자, 보세요. 저는 다운점퍼 한 벌, 스웨터 두 벌, 두꺼운 바지 두 벌을 샀어요.

李美丽　是不是因为便宜啊？ 싸서 산 게 아닌가요?

山田佑　不是，这儿一到十一月就冷了，只穿一条裤子一定不行。
아니에요. 여기는 11월이 되면 바로 추워져요. 바지 한 벌만 입으면 분명 안될 거예요.

李美丽　是吗？ 그래요?

山田佑　对，病了要吃药，看病要花钱，还不舒服，所以还是多穿衣服好。今天出租车司机告诉我的，我觉得对。
그럼요. 병에 걸리면 약을 먹어야 하고 진찰을 받으려면 돈도 써야 하는 데다가, 몸도 아프잖아요. 그러니까 옷을 많이 입는 게 나아요. 오늘 택시 기사 아저씨가 제게 알려줬는데, 제가 생각하기에도 맞는 것 같아요.

2.

(1) **A**

山田佑没买什么东西？ 야마다 유가 사지 않은 물건은 무엇인가요?

(2) **B**

山田佑为什么买这么多衣服？ 야마다 유는 왜 옷을 이렇게 많은 옷을 샀나요?
　A 옷이 싸니까　　　　　　B 겨울이 너무 추우니까

(3) **A**

山田佑为什么觉得多穿衣服好？ 야마다 유는 왜 옷을 많이 입는 게 낫다고 생각하나요?
　A 감기에 걸리지 않으니까　　B 몸이 아프니까

3.

(1) **怎么**

당신은 <u>왜</u> 이렇게 많은 옷을 샀어요?

(2) **件 / 件 / 条**

저는 다운점퍼 한 <u>벌</u>, 스웨터 두 <u>벌</u>, 두꺼운 바지 두 <u>벌</u>을 샀어요.

(3) **因为**

싸<u>서</u> 산 게 아닌가요?

(4) **一到 / 不行**

여기는 11월이 되면 바로 추워져요. 바지 한 벌만 입으면 분명 안될 거예요.

▶ 듣기 훈련 3

녹음대본

王英很忙，她不太喜欢逛商场。可是已经是十一月了，冬天一到就冷了，就要穿厚衣服了。上午，王英去了商场，买了毛衣、羽绒服，还买了裤子。下午她又去了超市，因为明天早上没有早饭。她买了牛奶和面包，明天早上她准备吃鸡蛋、面包，喝牛奶。她从超市回来的时候已经四点了。妈妈说，王英买的羽绒服不错，她也想要一件。王英又去了商场，可是羽绒服没有了。王英回来的时候，已经是晚上了。王英一天没看书，买了三趟东西。她不是不想看书，真是没办法。

왕잉은 바쁜 데다가 쇼핑하는 것을 그다지 좋아하지 않습니다. 그렇지만 이미 11월이 되었고, 겨울이 되면 바로 추워지기 때문에 곧 두꺼운 옷을 입어야만 합니다. 오전에 왕잉은 쇼핑센터에 가서 스웨터와 다운점퍼를 샀고, 또 바지도 샀습니다. 오후에 그녀는 또 슈퍼마켓에 갔습니다. 내일 아침에 아침거리가 없기 때문입니다. 그녀는 우유와 빵을 샀고, 내일 아침에는 계란과 빵을 먹고 우유를 마시려고 합니다. 그녀가 슈퍼마켓에서 돌아왔을 때는 이미 4시가 되었습니다. 그녀의 엄마는 왕잉이 사 온 다운점퍼가 좋아서 자기도 한 벌 사고 싶다고 말했습니다. 왕잉은 다시 쇼핑센터에 갔지만, 다운점퍼가 없었습니다. 왕잉이 돌아왔을 때는 이미 저녁이었습니다. 왕잉은 종일 책도 보지 않고 세 번이나 물건을 사러 다녔습니다. 그녀는 공부를 하기 싫어서가 아니라, 정말 어쩔 수 없었기 때문이었습니다.

2.

(1) **A, B, E**

上午，王英在商场买了什么？ 오전에 왕잉은 쇼핑센터에서 무엇을 샀나요?

(2) **B, C**

下午，王英在超市买了什么？ 오후에 왕잉은 슈퍼마켓에서 무엇을 샀나요?

(3) **A, B, C**

明天早上，王英准备吃什么？ 내일 아침에 왕잉은 무엇을 먹을 건가요?

3.

(1) 왕잉은 왜 옷을 사러 갔나요?

(2) 오후에 그녀는 왜 또 슈퍼마켓에 갔나요?

(3) 오후에 그녀는 또 다운점퍼를 샀나요?

(4) 왕잉은 왜 종일 공부를 하지 못했나요?

마무리 정리

1.

(1) 당신은 겨울이 좋나요? 왜요?

(2) 당신은 본문의 택시 기사가 말한 게 옳다고 생각하나요? 왜요?

(3) '겨울에 옷을 많이 입지 않으면 멋있지만, 감기에 걸린다'와 '겨울에 옷을 많이 입으면 멋있지는 않지만, 감기에 걸리지 않는다' 중에서 당신은 어떻게 할 건가요? 왜요?

발음 연습의 한어병음의 한자와 우리말 뜻은 중급자들도 어려운 게 많습니다. 하나하나 다 외울 필요는 없으니 부담 갖지 말고 참고만 하세요.

1.

(1) 见 보다, 만나다 / 前 앞 / 连 잇다, 연이어, ~조차도

(2) 就 곧, 즉시, 바로 / 休 쉬다 / 牛 소

(3) 错 틀리다 / 做 만들다, 하다 / 或 혹시, 혹은

(4) 对 맞다, ~에 대해서 / 会 ~할 수 있다 / 贵 비싸다

(5) 女 여자, 딸 / 绿 푸르다 / 句 문장, 마디

(6) 却 후퇴하다, ~하지만 / 学 배우다, 학습하다 / 决 결코, 결정하다

(7) 则 규칙, 조항, ~하면 ~하다 / 册 책, 권 / 这 이, 이것

(8) 快 빠르다, 빨리, 급히 / 坏 나쁘다, 상하다, 고장 나다 / 摔 넘어지다

(9) 买 사다 / 耐 참다, 감당하다 / 太 대단히, 몹시, 너무

(10) 百 100, 백, 온갖 / 派 파벌, 파견하다 / 害 손해, 해를 끼치다

(11) 暖 따뜻하다 / 换 바꾸다 / 转 돌다, 바꾸다

(12) 躺 드러눕다 / 当 담당하다, 맡다 / 狼 이리

2.

(1) 刚才 방금, 지금 막 / 慷慨 후하다, (감정이나 정서가) 격앙되다 / 航行 항해하다, 운항하다

(2) 客队 방문팀, 초청팀, 원정팀 / 空洞 내용이 없다, 공허하다 / 各位 여러분
(3) 昨天 어제 / 存在 존재하다 / 座位 자리, 좌석
(4) 选择 고르다, 선택하다 / 全家 온 집안 / 劝架 (말다툼이나 싸움을) 말리다
(5) 休闲 한가하게 지내다 / 去年 작년 / 捐款 기부하다, 기부금
(6) 手续 수속, 절차 / 休息 휴식을 취하다, 쉬다 / 兴趣 흥미, 관심
(7) 情况 상황, 형편 / 景象 광경, 상황 / 尽量 양을 다하다, 양껏 하다
(8) 旅行 여행하다 / 语境 언어 환경 / 努力 노력하다, 힘쓰다
(9) 南瓜 호박 / 兰花 난초 / 莲花 연꽃
(10) 爱护 잘 보살피다, 소중히 하다 / 爱哭 잘 울다 / 外出 외출하다, 나가다
(11) 所以然 그렇게 된 까닭 / 随风倒 바람 부는 대로 기울어지다, 남이 말하는 대로 하다 / 集结号 집결호[군대에서 쓰는 집합 나팔]
(12) 打呼噜 코를 골다 / 不爱哭 우는 것을 싫어하다 / 圣诞树 크리스마스트리

3.

(1) fēnkāi 分开 갈라지다, 나누다, 헤어지다
(2) tānxīn 贪心 탐욕스럽다, 탐욕
(3) pīpíng 批评 비판하다, 지적하다, 꾸짖다
(4) kēxué 科学 과학, 과학적이다
(5) fēifǎ 非法 불법적인, 비합법적인
(6) gānxǐ 干洗 드라이클리닝을 하다
(7) jiāndìng 坚定 확고하다, 확고히 하다
(8) piānxiàng 偏向 ~쪽으로 기울다, 편들다
(9) yuányīn 原因 원인
(10) qiúxīng 球星 (구기 스포츠의) 유명 선수
(11) fúchí 扶持 부축하다, 보살피다
(12) wúliáo 无聊 무료하다, 심심하다, 시시하다
(13) héhuǒ 合伙 한패가 되다, 동업하다
(14) nándiǎn 难点 난점, 어려운 점, 고충
(15) zhíyè 职业 직업
(16) xíngdòng 行动 행동, 움직이다, 활동하다
(17) bǐnggān 饼干 비스킷, 과자
(18) qǐfēi 起飞 이륙하다
(19) lǎorén 老人 노인
(20) fǒuzé 否则 만약 그렇지 않다면
(21) shěnměi 审美 심미, 심미적인
(22) hǎobǐ 好比 마치 ~와 같다, 흡사 ~과 비슷하다
(23) qǐyè 企业 기업
(24) xǐ'ài 喜爱 좋아하다, 애호하다
(25) fùdān 负担 부담, 책임지다
(26) niànshū 念书 책을 읽다, 공부하다
(27) shìshí 事实 사실
(28) lìrú 例如 예를 들면, 예컨대
(29) zuòzhě 作者 지은이, 작자, 필자
(30) qiàhǎo 恰好 때마침, 잘, 바로
(31) xiàndài 现代 현대
(32) fùyìn 复印 복사하다

4.

(1) 我可以kěyǐ进来吗? 제가 들어가도 될까요?

(2) 认识rènshi您，我很高兴。 당신을 알게 되어 매우 기쁩니다.

(3) 您可以再zài说一遍吗? 다시 한 번 말씀해 주실 수 있나요?

(4) 声音小一点儿yìdiǎnr，可以吗? 소리를 조금 작게 해 주실 수 있나요?

(5) 我可以和hé您讨论个问题吗? 제가 당신과 문제를 의논해도 될까요?

(6) 我对环保很感兴趣gǎn xìngqù。 저는 환경 보호에 매우 관심이 있어요.

5.

(1) 送 보내다, 선물하다, 배웅하다   (2) 拿 쥐다, 잡다, 가지다   (3) 给 주다, ~에게

(4) 寄 부치다, 전달하다, 맡기다   (5) 知道 알다, 이해하다, 깨닫다   (6) 一样 같다, 동일하다

(7) 重要 중요하다   (8) 应该 마땅히 ~해야 한다   (9) 麻烦 귀찮다, 번거롭게 하다

(10) 水果 과일   (11) 方法 방법, 수단   (12) 没关系 괜찮다, 상관 없다

6.

(1) 모자   (2) 휴대전화   (3) 전화

듣기 워밍업

2.

(1) 들어가도 될까요?

(2) 저는 502호에 살아요.

(3) 당신을 알게 되어 반갑습니다

(4) 소리를 조금 작게 해 주실 수 있나요?

(5) 텔레비전 소리를 조금 줄여 주시겠어요?

(6) 저는 제대로 듣지 못했어요.

(7) 다시 한번 말씀해 주시겠어요?

(8) 텔레비전 소리가 너무 커요.

(9) 앞으로 꼭 주의하겠습니다.

(10) 당신과 문제를 의논하다

(11) 당신과 문제를 의논할 수 있을까요?

(12) 직업을 구하기 시작하다

(13) 반 친구들은 모두 일자리를 구하기 시작했어요.

(14) 저는 환경 보호에 가장 관심이 많아요.

(15) 대학원에 다니다

(16) 당신 학교의 대학원에 다닐 수 있을까요?

3.

(1) **A**
  A 텔레비전 소리를 조금 작게 해 주실 수 있어요?
  B 텔레비전을 조금 작은 소리로 해 주실 수 있어요?

(2) **B**
  A 당신을 보게 되어 무척 반가워요.
  B 당신을 알게 되어 무척 반가워요.

(3) **A**
  A 댁의 텔레비전 소리가 너무 큽니다.
  B 네 텔레비전 소리가 너무 크다.

(4) **A**
  A 지금 저는 환경 보호에 가장 관심이 많아요.
  B 지금 저는 환경 보호에 매우 관심이 있어요.

(5) **B**
  A 일본에서 대학원에 다닐 수 있을까요?
  B 일본에 가서 대학원에 다닐 수 있을까요?

(6) **A**
  A 앞으로 함께 공부할 수 있을까요?
  B 앞으로 함께 공부할 수 있을까요?

듣기 훈련 1

녹음대본

[敲门声] (문을 두드리는 소리)

山田佑　我可以进来吗？ 제가 들어가도 될까요?

赵一民　请进，请坐! 들어오세요. 앉으세요!

山田佑　谢谢! 我住502。 감사합니다. 저는 502호에 살아요.

赵一民　欢迎欢迎! 刚搬来吧? 환영합니다! 막 이사 오셨나 봐요?

山田佑　昨天搬来的。认识您，我很高兴。 어제 이사 왔어요. 만나 뵙게 되어 반갑습니다.

赵一民　认识你，我也很高兴。你不是中国人? 만나 뵙게 되어 저도 무척 기뻐요. 중국 사람이 아닌가요?

山田佑　我是日本人，叫山田佑，您可以叫我山田。
저는 일본 사람이고, 야마다 유라고 해요. 그냥 야마다라고 부르세요.

赵一民　哦，山田，你好! 아! 야마다 씨, 안녕하세요!

山田佑　您贵姓? 성함이 어떻게 되세요?

赵一民　我姓赵，叫赵一民。 저는 성이 자오예요. 자오이민입니다.

山田佑　哦，赵先生。赵先生，我想和您说，您晚上看电视，声音小一点儿，可以吗? 我晚上要学习、看书。
아! 자오 선생님. 자오 선생님, 제가 선생님께 드릴 말씀이 있는데요. 선생님께서 저녁에 텔레비전을 보실 때, 소리를 조금 작게 해 주실 수 있나요? 제가 저녁에 공부도 하고 책도 봐야 해서요.

赵一民	对不起，你可以再说一遍吗？我没听清楚。
	미안한데, 다시 한 번 말씀해 주시겠어요? 제가 제대로 못 들었어요.
山田佑	（说话声音大了一点儿）抱歉！晚上，您的电视声音太大。
	(말소리를 조금 크게 해서) 죄송합니다. 저녁에 댁의 텔레비전 소리가 너무 큽니다.
赵一民	噢，对不起！我以后一定注意，再看电视声音小一点儿。
	아, 미안합니다. 제 앞으로 꼭 주의할게요. 또 텔레비전을 볼 때는 소리를 조금 작게 할게요.

2.

(1) **A**

谁住502? 누가 502호에 사나요?

A 야마다 유　　　　　　　　B 자오이민

(2) **B**

山田佑想和赵一民说什么? 야마다 유는 자오이민에게 무엇을 말하고 싶었나요?

A 그는 어제 이사를 왔다고　　B 텔레비전 소리가 너무 크다고

(3) **B**

赵一民最后说什么? 자오이민이 마지막에 뭐라고 말했나요?

A 제 텔레비전 소리는 안 커요.　　B 제가 앞으로 꼭 주의할게요.

3.

(1) **刚**

막 이사 오셨나 봐요?

(2) **可以**

저녁에 텔레비전을 보실 때, 소리를 조금 작게 해 주실 수 있나요?

(3) **听**

다시 한 번 말씀해 주시겠어요? 제가 제대로 못 들었어요.

(4) **注意**

제가 앞으로 꼭 주의할게요. 또 텔레비전을 볼 때는 소리를 조금 작게 할게요.

▶ 듣기 훈련 2

녹음대본

赵一民	赵月，电视声音小一点儿，不能开这么大。旁边住的是学生，晚上要学习，要看书。

	자오위에, 텔레비전 소리를 조금 작게 하렴. 이렇게 크게 틀어서는 안돼. 옆집에 사는 사람이 학생이라서 저녁에 공부도 하고 책도 봐야 한단다.
赵月	不看电视了。爸爸，我能和您讨论个问题吗？ 텔레비전을 보지 않을게요. 아빠, 제가 아빠와 문제 하나 의논해도 될까요?
赵一民	什么问题？说吧。 어떤 문제? 말해 보렴.
赵月	我已经大学四年级了，我们同学都开始找工作了，您说，我干什么好啊？ 제가 벌써 대학교 4학년이잖아요. 제 친구들은 모두 일자리를 찾기 시작했어요. 아빠는 제가 무슨 일을 했으면 좋겠어요?
赵一民	你想干什么呀？ 너는 뭐가 하고 싶은데?
赵月	我五岁的时候，想做司机；十五岁的时候，想做医生；十八岁想做英语老师。 5살 때는 운전 기사가 되고 싶었고, 15살 때는 의사가 되고 싶었어요. 그리고 18살에는 영어 선생님이 되고 싶었어요.
赵一民	所以你大学学的是英语。 그래서 네가 대학에서 배운 게 영어잖니.
赵月	是啊。 네.
赵一民	现在呢？ 지금은?
赵月	现在我对环保最感兴趣，还有，现在中国需要做环保工作的人。 지금 저는 환경 보호에 가장 관심이 많아요. 그리고 현재 중국은 환경 보호와 관련된 일을 할 사람이 필요하고요.
赵一民	我想，你可以再读研究生，学环保，以后做环保工作。 내 생각에는 대학원에 더 다니면서 환경 보호에 관해 배우고 나서 그 이후에 환경 보호와 관련된 일을 하는 게 좋겠는데.
赵月	这个办法好，谢谢爸爸！ 그 방법이 좋겠어요. 고맙습니다. 아빠!

2.

(1) **B**

爸爸告诉赵月什么？ 아빠는 자오위에에게 뭐라고 말했나요?
A 더 이상 텔레비전을 보지 마라   B 텔레비전 소리를 조금 작게 해라

(2) **B**

赵月和爸爸讨论什么问题？ 자오위에는 아빠와 무슨 문제를 의논했나요?
A 무슨 일을 좋아하는가   B 무슨 일을 하고 싶은가

(3) **A**

赵月大学学的什么？ 자오위에가 대학에서 배운 것은 무엇인가요?
A 영어   B 환경 보호

(4) **B**

赵月现在最想做什么工作？ 자오위에가 지금 가장 하고 싶은 일은 무엇인가요?
A 영어 선생님   B 환경 보호와 관련된 일

3.

(1) 자오위에는 대학교 몇 학년인가요?

(2) 친구들은 무엇을 하기 시작했나요?

(3) 자오위에는 15살에 어떤 일을 하고 싶었나요?

(4) 자오위에가 지금 관심이 있는 것은 무엇인가요?

▶ 듣기 훈련 3

녹음대본

山田佑搬家了。他住502，赵一民住504。赵一民的孩子叫赵月，是大学四年级的学生。赵月五岁想做司机，十五岁想做医生，十八岁想做英语老师，所以她大学学的是英语，可是，现在她对环保最感兴趣。赵一民对赵月说，可以再读研究生，学习环保，以后做环保工作。赵月问日本学生山田佑：能去日本读研究生吗？山田佑说可以，可是要先学习日语。赵月又问山田佑，以后可以不可以互相学习，山田佑教赵月日语，赵月教山田佑汉语。山田佑说行。

야마다 유는 이사를 했습니다. 그는 502호에 살고, 자오이민은 504호에 삽니다. 자오이민의 아이는 자오위에라고 하는데, 대학교 4학년 학생입니다. 자오위에는 5살 때 운전 기사가 되고 싶었고, 15살 때는 의사가 되고 싶었습니다. 18살에는 영어 선생님이 되고 싶었기 때문에 대학교에서 배운 것은 영어입니다. 그러나 지금 그녀는 환경 보호에 가장 관심이 많습니다. 자오이민은 자오위에에게 대학원에 더 다니면서 환경 보호를 공부한 후 앞으로 환경 보호와 관련된 일을 해도 좋다고 말했습니다. 자오위에는 일본 학생 야마다 유에게 일본에 가서 대학원에 다닐 수 있는지를 물었습니다. 야마다 유는 가능하지만, 우선 일본어를 배워야 한다고 말했습니다. 자오위에는 또 야마다 유에게 앞으로 야마다 유는 자오위에에게 일본어를 가르치고 자오위에는 야마다 유에게 중국어를 가르치면서 함께 공부할 수 있는지 물었습니다. 야마다 유는 좋다고 말했습니다.

2.

(1) (ㄹ) 山田佑住502。 야마다 유는 502호에 산다.

(2) (ㅂ) 赵月住504。 자오위에는 504호에 산다.

(3) (ㄷ) 现在赵月对环保最感兴趣。 지금 자오위에는 환경 보호에 가장 관심이 많다.

(4) (ㄱ) 赵月是赵一民的孩子。 자오위에는 자오이민의 아이다.

(5) (ㄴ) 赵月五岁想做司机。 자오위에는 5살 때 운전 기사가 되고 싶었다.

(6) (ㅇ) 赵月十五岁想做医生。 자오위에는 15살 때 의사가 되고 싶었다.

(7) (ㅅ) 赵月十八岁想做老师。 자오위에는 18살 때 선생님이 되고 싶었다.

(8) (ㅁ) 赵月大学学的是英语。 자오위에가 대학에서 배운 것은 영어이다.

3.

(1) 자오위에는 야마다 유에게 무엇을 물었나요?

(2) 야마다 유는 어떻게 대답했나요?

(3) 자오위에는 야마다 유와 어떻게 함께 공부하고 싶나요?

▶ 마무리 정리

1.

(1) 당신이 어렸을 때, 가장 하고 싶었던 일은 무엇이었나요?

(2) 당신은 지금 어떤 일을 가장 하고 싶나요?

(3) 당신은 함께 공부하는 친구가 있나요? 당신들의 공부 방법을 좀 말해 보세요.

한어병음 일람표

	a	o	e	i(-i)	u	ü	ai	ao	an	ang	ou	ong	ei	en	eng	er	ia
b	ba	bo		bi	bu		bai	bao	ban	bang			bei	ben	beng		
p	pa	po		pi	pu		pai	pao	pan	pang	pou		pei	pen	peng		
m	ma	mo	me	mi	mu		mai	mao	man	mang	mou		mei	men	meng		
f	fa	fo			fu				fan	fang	fou		fei	fen	feng		
d	da		de	di	du		dai	dao	dan	dang	dou	dong	dei	den	deng		
t	ta		te	ti	tu		tai	tao	tan	tang	tou	tong			teng		
n	na		ne	ni	nu	nü	nai	nao	nan	nang	nou	nong	nei	nen	neng		
l	la		le	li	lu	lü	lai	lao	lan	lang	lou	long	lei		leng		lia
g	ga		ge		gu		gai	gao	gan	gang	gou	gong	gei	gen	geng		
k	ka		ke		ku		kai	kao	kan	kang	kou	kong	kei	ken	keng		
h	ha		he		hu		hai	hao	han	hang	hou	hong	hei	hen	heng		
j				ji		ju											jia
q				qi		qu											qia
x				xi		xu											xia
zh	zha		zhe	zhi	zhu		zhai	zhao	zhan	zhang	zhou	zhong	zhei	zhen	zheng		
ch	cha		che	chi	chu		chai	chao	chan	chang	chou	chong		chen	cheng		
sh	sha		she	shi	shu		shai	shao	shan	shang	shou		shei	shen	sheng		
z	za		ze	zi	zu		zai	zao	zan	zang	zou	zong	zei	zen	zeng		
c	ca		ce	ci	cu		cai	cao	can	cang	cou	cong		cen	ceng		
s	sa		se	si	su		sai	sao	san	sang	sou	song		sen	seng		
r			re	ri	ru			rao	ran	rang	rou	rong		ren	reng		
성모가 없을 때	a	o	e	yi	wu	yu	ai	ao	an	ang	ou		ei	en	eng	er	ya

운모 'ü'가 성모 'j', 'q', 'x'와 결합할 때 각각 'ju', 'qu', 'xu'로 표기한다.

'i'의 발음은 우리말 '으' 발음과 유사한데, 구강의 앞부분에서 발음하도록 한다.

운모 'i', 'u', 'ü'가 성모 없이 단독으로 쓰일 때 각각 'yi', 'wu', 'yu'로 표기한다.

※ 감탄사에 나오는 음절(ng, hm, hng 등)은 생략함.

ie	iao	iou (iu)	ian	in	iang	ing	iong	ua	uo	uai	uan	uei (ui)	uen (un)	uang	ueng	üe	üan	ün
bie	biao		bian	bin		bing												
pie	piao		pian	pin		ping												
mie	miao	miu	mian	min		ming												
die	diao	diu	dian			ding			duo		duan	dui	dun					
tie	tiao		tian			ting			tuo		tuan	tui	tun					
nie	niao	niu	nian	nin	niang	ning			nuo		nuan					nüe		
lie	liao	liu	lian	lin	liang	ling			luo		luan		lun			lüe		
								gua	guo	guai	guan	gui	gun	guang				
								kua	kuo	kuai	kuan	kui	kun	kuang				
								hua	huo	huai	huan	hui	hun	huang				
jie	jiao	jiu	jian	jin	jiang	jing	jiong									jue	juan	jun
qie	qiao	qiu	qian	qin	qiang	qing	qiong									que	quan	qun
xie	xiao	xiu	xian	xin	xiang	xing	xiong									xue	xuan	xun
								zhua	zhuo	zhuai	zhuan	zhui	zhun	zhuang				
								chua	chuo	chuai	chuan	chui	chun	chuang				
								shua	shuo	shuai	shuan	shui	shun	shuang				
								rua	ruo		ruan	rui	run					
									zuo		zuan	zui	zun					
									cuo		cuan	cui	cun					
									suo		suan	sui	sun					
ye	yao	you	yan	yin	yang	ying	yong	wa	wo	wai	wan	wei	wen	wang	weng	yue	yuan	yun

- 'uei', 'uen'이 성모와 결합할 때 각각 'ui', 'un'으로 표기한다.
- 'iou'가 성모와 결합할 때 'iu'로 표기한다.
- 'ü'가 'j', 'q', 'x'와 결합할 때 'u'로 표기한다.
- 'i'가 음절의 첫 글자로 쓰일 때 'y'로 표기한다.
- 'ü'가 음절의 첫 글자로 쓰일 때 'yu'로 표기한다.
- 'u'가 음절의 첫 글자로 쓰일 때 'w'로 표기한다.

新 HSK 한권으로 끝내기 시리즈

이 책은 新 HSK 3/4/5/6급을 준비하는 학습자가 40일 동안 '듣기' '독해' '쓰기' 영역을 종합적이고 효율적으로 학습할 수 있도록 구성되어 있다. 한국 및 중국에서 실시된 매회 시험에 대한 경향 분석을 토대로 한 꼼꼼한 유형 설명, 효과적인 실전 연습, 친절하고 상세한 해설을 담았다.

- **40일 완성 프로그램**
  40일 동안 목표를 갖고 꾸준히 학습할 수 있도록 학습량을 적절히 분배하였다. '유형별 학습 → Mini 모의고사1 (중간점검) → 유형별 학습 → Mini 모의고사2 (최종점검)'의 순서로 차근차근 학습해 나갈 것을 권장한다.

- **듣기·독해·쓰기 유형별 학습**
  각 영역을 문제 유형별로 학습한다. 각 유형은 'Step1 유형 파악하기 → Step2 내공 쌓기 → Step3 실력 다지기'의 순서로 단계적이고 체계적으로 마스터할 수 있다.

- **Mini 모의고사**
  실제 시험의 절반 분량인 Mini 모의고사 2회분[=실제 시험 1회분]을 권말에 수록하였다. 제한된 시간 내에 실제 시험 난이도의 문제를 풀고 실력을 점검한다. 유형별 학습 진행 중간에 학습 상황을 체크하고, 모든 학습이 끝난 뒤에 향상된 실력을 최종 확인하는 방식으로 활용할 것을 권장하나, 개인의 학습 상황에 따라 알맞게 활용할 수 있다.

新 HSK 한권으로 끝내기 3급
남미숙 저 | 4X6배판 | 본책 288면, 해설서 168면, 단어장 88면
25,000원(본책+해설서+필수어휘 600단어장+MP3 CD 1장), MP3 무료

新 HSK 한권으로 끝내기 4급
남미숙 저 | 4X6배판 | 본책 328면, 해설서 240면, 단어장 88면
25,000원(본책+해설서+필수어휘 1200단어장+MP3 CD 1장), MP3 무료

新 HSK 한권으로 끝내기 5급
남미숙 저 | 4X6배판 | 본책 360면, 해설서 280면, 단어장 128면
27,000원(본책+해설서+필수어휘 2500단어장+MP3 CD 1장), MP3 무료

新 HSK 한권으로 끝내기 6급
남미숙 저 | 4X6배판 | 본책 312면, 해설서 360면, 단어장 128면
28,000원(본책+해설서+필수어휘 2500단어장+MP3 CD 1장), MP3 무료

新 HSK 모의고사 / 분야별 시리즈

다락원 新 HSK 모의고사 시리즈

『다락원 新 HSK 모의고사』 시리즈는 대외한어 교육 및 HSK 강의 10여 년 경력의 필자들이 한반(汉办)이 발표한 시험요강과 샘플문제를 완벽하게 분석하여 개발한 新 HSK 3회분 실전 모의고사 시리즈이다.

다락원 新 HSK 모의고사 4급
박은영 · 찐순지 · 동추이 공저 | 4×6배판 | 136면 | 10,000원(교재+MP3 CD 1장)

다락원 新 HSK 모의고사 5급
찐순지 · 동추이 · 박은영 공저 | 4×6배판 | 160면 | 10,000원(교재+MP3 CD 1장)

다락원 新 HSK 모의고사 6급
찐순지 · 동추이 · 박은영 공저 | 4×6배판 | 200면 | 12,000원(교재+MP3 CD 1장)

新 HSK 급소공략 시리즈

『新 HSK 급소공략』 시리즈는 각 분야 최고 강사들이 집필한 급수별, 분야별 新 HSK 수험서 시리즈이다. 각 분야 고득점을 위한 공략법을 공개한다.

新 HSK 급소공략 4급
듣기 김종섭 저 | 4×6배판 | 본책 152면, 해설서 120면 | 16,000원(교재+MP3 CD 1장)
쓰기 양영호 저 | 4×6배판 | 본책 128면, 해설서 88면 | 14,000원
독해 박은정 저 | 4×6배판 | 본책 152면, 해설서 120면 | 14,000원

新 HSK 급소공략 5급
듣기 황지영 저 | 4×6배판 | 본책 176면, 해설서 144면 | 18,000원(교재+MP3 CD 1장)
쓰기 유태경 · 팡홍메이 · 이샤오샹 저 | 4×6배판 | 본책 176면, 해설서 128면 | 15,000원
독해 양주희 저 | 4×6배판 | 본책 184면, 해설서 144면 | 15,000원

新 HSK 급소공략 6급
듣기 박정순 · 송웨이슈 공저 | 4×6배판 | 본책 144면, 해설서 128면 16,000원(교재+MP3 CD 1장)
쓰기 쑨루이차오 저 | 4×6배판 | 본책 200면, 해설서 88면 15,000원(교재+MP3 무료 다운로드+저자 첨삭 지도 1회)
독해 강주영 · 왕러 저 | 4×6배판 | 본책 328면, 해설서 152면 | 21,000원

발전한어 发展汉语 듣기 초급1

편저 么书君
번역 강희명
펴낸이 정규도
펴낸곳 (주)다락원

초판 1쇄 발행 2013년 3월 4일
초판 3쇄 발행 2017년 3월 19일

책임편집 이상윤, 오제원
디자인 박나래, 임미영
일러스트 디자인렘

다락원 경기도 파주시 문발로 211
내용문의: (02)736-2031 내선 430~439
구입문의: (02)736-2031 내선 250~252
Fax: (02)732-2037
출판등록 1977년 9월 16일 제300-1977-23호

Copyright © 2011, 北京语言大学出版社
한국 내 Copyright © 2013, (주)다락원

이 책의 한국 내 저작권은 北京语言大学出版社와의 독점 계약으로 (주)다락원이 소유합니다.

저자 및 출판사의 허락 없이 이 책의 일부 또는 전부를 무단 복제·전재·발췌할 수 없습니다. 구입 후 철회는 회사 내규에 부합하는 경우에 가능하므로 구입의처에 문의하시기 바랍니다. 분실·파손 등에 따른 소비자 피해에 대해서는 공정거래위원회에서 고시한 소비자 분쟁 해결 기준에 따라 보상 가능합니다. 잘못된 책은 바꿔 드립니다.

값 15,000원 (교재+MP3 CD 1장)
ISBN 978-89-277-2113-0 18720
　　　978-89-277-2112-3(set)

http://www.darakwon.co.kr

- 다락원 홈페이지를 방문하시면 상세한 출판정보와 함께 동영상강좌, MP3 자료 등 다양한 어학 정보를 얻으실 수 있습니다.